Die Rosine im Kuchen

Wolfram Siebeck

DIE ROSINE IM KUCHEN

Über Küchen und Köche,
Städte und Landschaften,
den Wein und den Zeitgeist

Eichborn.

Die Deutsche Bibliothek – CIP-Einheitsaufnahme

Siebeck, Wolfram:
Die Rosine im Kuchen : über Küchen und Köche, Städte und Landschaften, den Wein und den Zeitgeist / Wolfram Siebeck.
– Frankfurt am Main : Eichborn, 1994
ISBN 3-8218-1316-4

Umschlaggestaltung: Rüdiger Morgenweck unter Verwendung eines Fotos aus: ZEITmagazin / Wolfgang Knapp / Thema
Alle Zeichnungen: Axel Scheffler
Satz: Fuldaer Verlagsanstalt GmbH, Fulda
Druck und Bindung: Wiener Verlag, Himberg
ISBN 3-8218-1316-4
Verlagsverzeichnis schickt gern:
Eichborn Verlag, Kaiserstraße 66, D-60329 Frankfurt am Main

INHALT

I.

Lebensqualität

Die Rosine im Kuchen

Während ich darüber nachdenke, was Lebensqualität sei, sitze ich auf einer Bank unter blühenden Linden, über mir summen tausend Bienen, in der Ferne erkenne ich ein Mittelgebirge, davor eine fruchtbare und überwiegend grüne Ebene. Die niedrige Mauer, welche verhindert, daß ich in meinem Freudentaumel über so viel Schönheit in den Burggraben stürze, ist aus ehrwürdig-alten Steinen zusammengefügt, leicht bemoost und von außen mit wildem Wein bewachsen, welcher auf der Mauerkrone ein dickes, grünes Kissen bildet.

Ich sitze immer hier, wenn ich denke oder frühstücke oder schreibe; denn hier wohne ich. Warum also, wenn es um Lebensqualität geht, in die Ferne schweifen, das Glück ist ja so…

In diesem Moment beginnen die beiden christlichen Kirchen unten im Dorf ihr aggressives Läuten, unerbittlich versucht die eine Konfession die andere zu überlärmen, wie sie es vor zwei Stunden schon versucht haben und im Laufe des Tages immer wieder versuchen werden. Zu allem Überfluß donnert nun auch ein Intercity der Bundesbahn durch die überwiegend grüne Ebene, und alle drei, die Kirchenglocken und der Zug, machen den Umstand, daß Tiefflieger hier nur selten zu hören sind, zur Belanglosigkeit.

Lebensqualität ist relativ. Ein kapitaler Rausch kommt ihr sehr nahe, das werden Penner ebenso bestätigen wie ein Bordeauxsammler bei der dritten Flasche Lafite aus dem vorigen Jahrhundert. Doch kein Rausch ohne Reue. Und wo keine Reue ist, wo nicht gesündigt wurde, da kann von Lebensqualität erst recht nicht gesprochen werden.

Lebensqualität ist eine Illusion. Freud hat gesagt, der Mensch sei nicht auf der Welt, um glücklich zu sein. Eine Erkenntnis, die für ihn, der am Unglück der Menschen verdiente, sicherlich etwas Positives hatte. Er starb an Krebs.

Willy Brandt hat mit Hinweis auf die Lebensqualität einmal versprochen, den Himmel über der Ruhr wieder blau zu machen. Niemand, der die Verhältnisse in unseren Industrienationen genauer kennt, wird ihm einen Vorwurf daraus machen, daß er es nicht geschafft hat. Keiner wird es schaffen. Und wenn der Himmel eines Tages trotzdem blau und sauber sein sollte, dann gibt es immer noch Kirchenglocken, Fernlaster, Nacktbadestrände, Früchtejogurts, Rubbel-Spiele, Discos, Ladenschlußzeiten, Kleinkinder, Rasenmäher, Bettelmönche, Süßreserve, Rechtsradikale, Aids, Herbstmanöver, Kreuzfahrten, Leberkäs,

Schlafzimmermücken, Pappteller, Wintermonate, Hundekacke, Mikrowellenherde, Sandalen, Gummibäume und was sonst alles zur Verhinderung von Lebensqualität der Büchse der Pandora entflohen ist.

Also ist doch die weinbewachsene Mauer in den Pausen zwischen dem Kirchturmduell, die Rosine im Kuchen; es sind die Bienen in der Linde, wenn die Züge nicht fahren. Glück gibt es nur in kleiner Münze; dafür kann aber stündlich Zahltag sein. Glück ist zum Beispiel, wenn man beim Aufwachen feststellt, daß die Geliebte nicht heimlich das Haus verlassen hat. Wenn man eine Nebelbank durchfährt, ohne von einem freien Bürger plattgewalzt zu werden, wenn der Wein, den man zu einem zivilen Preis gekauft hat, erstklassig ist. Wenn das neueste Buch des guten Bekannten verrissen wird. Wenn man von dritten erfährt, daß die Gäste, die man bekocht hat, das Essen gelobt haben. Wenn die Katze die Maus einmal nicht auf dem hellen Teppich auskotzt.

Das Leben ist kurz, aber es hat viele Glücksmomente in petto. Deren Summe, die Lebensqualität, ist ein bunter Flickerlteppich. Er wärmt, dämpft den Schall, und wenn wir drin begraben werden, sind wir eine schöne Leich'.

Meisterhaft

Er ist sechzehn, trägt eine Brille und ist mein Enkel. Wie er mir jetzt gegenüber sitzt, wirkt er wie ein normaler Gymnasiast mit übertrieben roten Ohren. Ungewöhnlich an ihm ist jedoch, daß er noch nie in einem Gourmet-Tempel gegessen hat. Und weil ich mich, als er noch klein war, immer geweigert habe, auf ihn aufzupassen, wenn seine verantwortungslosen Eltern durch die Welt düsten, habe ich ihn heute Mittag zum Essen eingeladen.

Nicht daß ich ein schlechtes Gewissen hätte. Schließlich habe ich sechs Enkelkinder, und wenn man da nicht ganz konsequent NEIN sagt, hat man ständig ein Gör am Hals. Aber mit sechzehn noch nicht die Wonnen der Hochküche genossen zu haben, das ist hart, da hat sich der Opa in mir erbarmt.

Also sitzen wir jetzt hier vor den Blattgoldtapeten an unserem Tisch und warten auf den Auftritt des Meisters. Früher ging so etwas formlos über die Bühne. Man setzte sich, las die Speisekarte und bestellte. Diese Primitivform ist in der Spitzengastronomie gottlob überwunden. Heute werden die Küchenchefs ihrem Genie entsprechend gewürdigt.

»Ich habe Hunger!« sagt mein Enkel.

»Hör zu, Fridolin«, belehre ich ihn, »du bist hier

nicht beim Italiener, sondern bei einem der berühmtesten Köche Deutschlands. Erst gestern hat der Meister für die Königin von Schweden gekocht. Das Feuilleton der FAZ hat seinen Blätterteig-Kreationen am letzten Samstag eine ganze Seite gewidmet. Sechs Wochen habe ich auf diesen Tisch warten müssen, und deine Freunde würden ihren Lieblingscomputer dafür hergeben, wenn sie an deiner Stelle sein könnten. Den Hunger spar dir besser für zu Hause auf ... «

In diesem Moment ertönt der Gong, feierlich und schicksalsschwer. Die goldene Doppeltür im Hintergrund des Raumes öffnet sich, und er erscheint! Huldvoll lächelnd kommt er näher, nickt leutselig nach links und rechts, einigen beneidenswerten Gästen wirft er Handküsse zu. Er scheint in bester Form zu sein. Auf seiner schneeweißen Kochjacke erkenne ich die Firmenzeichen von BP und der DEUTSCHEN BANK, das Wort ADIDAS ist ebenso gut zu lesen wie PERSIL und KAUFHOF. Unter den AUDI-Ringen ein unleserlicher Schriftzug, das müßte BENETTON heißen. Im Wirtschaftsmagazin war zu lesen, für welchen Betrag die Firma den Meister unter Vertrag genommen hat. Nun erscheinen auch die beiden Kellner und beginnen mit der Verteilung der Speisekarten. Der Chef, der sich, wie man weiß, seine Kochmützen in der Jermyn Street in London anfertigen läßt, hat seine Runde beendet, dreht sich noch einmal um und schüttelt seine erhobenen Hände, daß man die schwere Rolex blitzen sieht. Dann schwingt hinter ihm die Goldtür.

»Ist das aber teuer!« Fridolin studiert die Speisekarte.

»Nun ja, du bist hier nicht bei McDonalds!«

»Aber 1 000 Mark für ein Menü?«

»Ein Feinschmeckermenü! Vom Meister persönlich zusammengestellt. Es wird zweifellos Kaviar enthalten, Trüffel sowieso und Krebsschwänze. Weißt du eigentlich, was so ein kleiner Krebs kostet?«

Natürlich weiß er es nicht. Möchte wissen, was sie heute in der Schule lernen. »Krebse gehören zu den aussterbenden Arten. Man findet sie nur bei den allergrößten Köchen.«

»Gibt es denn nur dies eine Menü?«

»Nur? Sei froh, daß du hier noch sieben Gänge essen kannst! Seit wir die 30-Stunden-Woche haben, sind solche Essen eine Rarität! Früher hatte ein Lokal wie dieses fünfzehn Köche und ebensoviele Kellner – es war ein heilloses Durcheinander.«

Fridolin hört nicht zu. Er verdreht den Hals, gestikuliert und schnippt mit den Fingern.

»Was ist denn?«

»Ich will das Menü bestellen!«

»Das Menü kriegst du automatisch; das dauert nicht lange. Erst kürzlich hat der Meister in einem Jumbo der Lufthansa demonstriert, daß man 120 seiner köstlichen Erster-Klasse-Menüs mit Hilfe von sechs Mikrowellenherden in nur zehn Minuten aufwärmen und servieren kann.«

»Aber wir sind doch hier nicht im Jumbo!«

»Gewiß nicht. Aber das Menü ist das gleiche. Dafür hat er das Bundesverdienstkreuz bekommen. Hattet ihr nicht schulfrei?«

»Nee, nur ein Festkonzert in der Aula.«

»Ja, das war ein großer Tag für die deutsche Gastronomie!«

Er blickt von der Speisekarte auf: »Was heißt das: *Das Beste vom Salm à la orientale an Zimtsauce und Sommertrüffel?*«

»Nun, das Beste vom Salm sind nicht die Salmonellen, wie du vielleicht meinst, sondern die Schuppen. So feine, zarte Schuppen wie der Salm – oder ›Lachs‹, wie er in den Nordsee-Filialen genannt wird – haben nur ganz wenige Fische. Der Meister hat sie selber geschuppt und so auf Tellern angerichtet, daß sie die Anfangsbuchstaben seines Namens ergeben.«

»Aber wieso *an*?«

»Wieso was?«

»*An*! Hier steht *an Zimtsauce*. Das ist doch falsches Deutsch! Richtig müßte es *in* oder *mit* Zimtsauce heißen. Aber doch nicht *an*.«

»Mein lieber Fridolin, du bist hier nicht in einem germanistischen Seminar. Hier wird auf einem so hohen Niveau gekocht, daß jeder Versuch, die deutsche Grammatik miteinzubeziehen, zum Scheitern verurteilt ist.«

»Und wieso sind die Schuppen das beste vom Lachs, pardon: vom Salm, und nicht das Fleisch?«

»Ich will dir mal was sagen. Wenn deine Mutter einen Fisch kocht, dann gibt sie dir die Filets zu essen, klar, und nicht die Schuppen. Aber das ist banal, das kriegst du überall. Hier jedoch ... «

Einer der Kellner ist mit seinem Servierwagen an unserem Tisch angekommen und verteilt kleine Porzellantöpfchen, Design Hermés, welche auf goldenen Tellerchen stehen. Daneben liegt ein goldener Mokkalöffel.

»Das *amuse gueule*!« sage ich.

Fridolin sieht mich verständnislos an. Und sowas will einmal meine Briefmarkensammlung erben!

»Ein Appetitanreger, eine kleine Nascherei vor dem großen Fressen«, erkläre ich und lüpfe den Deckel. Das Töpfchen enthält heißes Wasser, welches auf eine sehr subtile Weise mit Akazienblüten aromatisiert ist. In dem Löffel entdecke ich ein weißes Pulver. Ich streue es ins Wasser und rühre. Die Masse wird steif. Ich probiere: Köstlich! Fridolin, der mich beobachtet, verfährt auf die gleiche Weise. Er verzieht das Gesicht: »Ist das 'ne Mehlschwitze?«

»Das sind gefriergetrocknete Mückeneier, vom Meister eigenhändig in seinem Biotop gesammelt. Und zwar nicht die Eier von Batteriemücken sondern von richtigen Tümpelmücken, die sich ausschließlich von minderjährigen Mädchen ernähren!«

Er schiebt sein Töpfchen von sich.

»Ein Spiegelei wär' mir lieber!«

Eigentlich rührend, wie anspruchslos der Bengel ist. Muß er von seiner Mutter haben, die den grauenhaftesten Kaffee kocht, weil sie der Radiowerbung glaubt.

Jetzt verteilt der Kellner die Teeschalen. Fridolin sieht mich fragend an: »Gibt's denn keinen Wein?«

Ich schüttele den Kopf. »Nein. Auch hier nicht mehr. Das ist vorbei. Ja, früher, da begannen wir ein Menü mit Champagner, danach soffen wir Weiß- und Rotwein, und zum Dessert genehmigten wir uns einen Sauternes. Doch das« – ich kann einen Seufzer nicht unterdrücken – »ist vorbei. Alkohol kann deine Gesundheit schädigen. Zur Bekämpfung des Alkoholismus wird bei uns pro Jahr mehr Geld ausgegeben als für den Umweltschutz.«

Eine Lautsprecherdurchsage kündigt den ersten Gang an, die Schuppen vom Salm. Die beiden Kellner stehen neben der Durchreiche zur Küche und haben sich lachsrote Umhänge über die Schulter gehängt. In einer Hand halten sie einen goldenen Dreizack.

Wir stehen auf und reihen uns ein. Langsam schiebt sich die Schlange der Gäste zur Durchreiche, wo uns der Chef persönlich die Teller aushändigt.

»Großartig, nicht wahr? Früher kriegte man sowas von den Kellnern an den Tisch gebracht; ekelhaft.«

Den weiteren Verlauf des wunderbaren Menüs zu beschreiben erübrigt sich, da es täglich neben dem Wetterbericht in der Abendzeitung abgedruckt wird. Bleibt noch zu erwähnen, daß ich in einem Anfall von Zuneigung dem offenbar nicht ganz so beeindruckten Fridolin an der Garderobe eine goldgerahmte, vom Meister handsignierte Speisekarte kaufe. Kostet fast so viel wie das Menü. Aber so wird ihm dieses einmalige Essen unvergeßlich bleiben.

Die alltägliche Heuchelei

Prominente Zeitgenossen werden regelmäßig nach ihrer Meinung zur Weltlage befragt. Man will wissen, was sie von den Maastricher Verträgen halten, wie sie die Chancen der Demokratie in Rußland beurteilen, und welches Buch sie gerade lesen. Fast immer werden sie auch nach ihrem Lieblingsessen gefragt. Und immer ist die Antwort gleich. Politiker, Wirtschaftsbosse, Werbefritzen, Intendanten, Literaten, Polizeipräsidenten, Rennfahrer, Komiker, Moderatoren, Chefärzte und wer sonst alles befragt wird, sie essen am liebsten einfache Hausmannskost.

Dort, wo Macht und Geist sich konzentrieren, wo Geld und Popularität ihren aufdringlichen Charme entwickeln, dort wird das Deftige geliebt. Kein Wort über Austern und Rebhühner oder allgemein über die Küche der großen Chefs. Kein Hinweis darauf, daß die Befragten sich mit Genuß über ein Trüffelomelett hermachen und ihnen schon bei der Lektüre der Speisekarte des »Tantris« das Wasser im Mund zusammenläuft. Ist Prominenz also anspruchslos und bescheiden? Oder handelt es sich um einen Akt gewöhnlicher Heuchelei?

Ich bin davon überzeugt, daß die große Mehrheit der Befragten die Bescheidenheit nur vorgibt. Ich sehe sie nämlich immer wieder in den Tempeln der Hochküche, bei den feinen Adressen. Egal ob in Paris im »Taillevent«, bei der Familie Haeberlin in Illhaeusern, in Monte Carlos Prachthotel »de Paris« – wo die Kochkunst zu Hause ist, sitzen sie an den Nebentischen und lassen es sich gut gehen. Dem Reporter zu Hause erzählen sie jedoch, ihr liebstes Essen sei der bescheidene Eintopf, der Quark mit Pellkartoffeln und das Landbrot mit Olivenöl.

Sie erzählen uns, daß sie das Einfache dem Verfeinerten vorziehen und die teuren Delikatessen in den Restaurants nur widerwillig herunterwürgen. Doch es ist schwer, in die Seele des Mitmenschen zu blicken, während er am Wachtelbein knabbert. Wenn man den Ärmsten wenigstens ein klein wenig ansähe, wie ekelhaft ihnen der Steinbutt in der Salzkruste ist, und wie sehr sie sich nach dem Landbrot mit Olivenöl sehnen! Doch ihre glänzenden Gesichter verraten nur eines: Es schmeckt ihnen hier besser als alles andere auf der Welt. Und das sagen sie auch dem von ihrer Prominenz angelockten Küchenchef.

Warum dann dieses bescheidene Getue, wenn Reporter sie nach ihrem Lieblingsessen fragen? Weil leiblicher Genuß verdächtig ist bei uns. Ein Millioneneinkommen, Luxusautos, Landhäuser – ja, dazu bekennt man sich freimütig, das hat man erarbeitet; Arbeit schändet nicht. Kulinarischer Genuß hingegen ist unanständig, den verleugnet man, jedenfalls in der Öffentlichkeit. Wie damals, als Unterhosen die »Unaussprechlichen« genannt wurden, weil sie an, nun Sie wissen schon, erinnern.

Es ist viel Heuchelei im Spiel, wenn es um sinnliche Genüsse geht. Ich kannte einen schwäbischen Fabrikanten, der sich in seinem Lieblingslokal, immerhin keine Kneipe sondern ein für gute Küche bekannter Gasthof, den Champagner im Glaskrug servieren ließ, damit man ihn nicht sündhafter Prasserei überführen konnte. Er war ein passionierter Feinschmecker, hätte aber auf die Reporterfrage nach seinem Lieblingsessen kaltblütig saure Kutteln genannt.

Warum heucheln sie so, wenn es ums Essen geht?

Was zwingt einen Politiker, dessen Machtmißbrauch notorisch, dessen Bestechlichkeit Stadtgespräch und dessen Alkoholexzesse aktenkundig sind, was zwingt ihn, einen Nudelteller sein Leibgericht zu nennen, den er in Wirklichkeit höchstens seiner Dogge vorsetzen würde?

Es ist das neue Denken, und das ist kleinbürgerlich. Es ist der alte Glaube, und der ist puritanisch. Es ist unser Versagen vor dem Anspruch, das Leben so zu leben, als hätten wir nur das eine.

Wie kommt die Phrase in die Wurst?

Am schlimmsten sind die Phrasen. Sie gehören zum serienmäßigen Zubehör von Politikern und Funktionären, die ihren Zuhörern das Denken abgewöhnen wollen. »Das deutsche Reinheitsgebot dient den Menschen« ist einer von diesen hohlen Sprüchen, die nicht nur verlogen, sondern schlicht falsch sind. Das deutsche Reinheitsgebot ist für die Menschen so relevant wie das katholische Keuchheitsgebot oder das Fahrverbot nach Alkoholgenuß: Das Land ist voll von alkoholisierten Autofahrern mit Kondomen im Handschuhfach.

Der letzte, der uns die Phrase von der Reinheit ums Maul geschmiert hat, war der Bauernpräsident Heere-

mann. Und die Menschen, denen damit gedient werden soll, sind die Wurstesser in diesem Land. Also praktisch jeder Deutsche.

Das Essen von Würsten gehört zu unserem Nationalcharakter wie die Liebe zum Wald und zur Höchstgeschwindigkeit. Ein deutsches Abendessen besteht in knapp 90 Prozent aller Haushalte aus Wurstbroten. Kein Volk der Erde übertrifft uns in dieser Disziplin. Wurst und Brot und Butter – intensiver kann kein Schwein gemästet werden.

Wenn es aber nun schon mal so ist, dann soll die Wurst wenigstens rein sein, klar. Und rein bedeutet (abgesehen von den chemischen Zusätzen, über die niemand spricht) Fleisch und nichts als Fleisch. Keine Naturprodukte wie Soja, Ei und Milch, sondern Fett und Fleisch. Nicht gerade Fleisch vom Hund, nein, das nicht. Aber was ein Hund normalerweise frißt, das darf hinein. Wenn es um die Wurst geht, sind Deutsche nicht wählerisch: »Innereien, Fett, Bindegewebe, Fußzehenhaut, Knorpel und Schlachtabfälle«, zählte *Der Spiegel* auf. Die Liste ist nicht vollständig.

Ich wüßte noch ein paar Zutaten: Das durch den Wolf gedrehte Oberleder eines ausgelatschten Slippers; Opas Koppel aus dem letzten Krieg; der zerhäckselte Schultornister des Juniors und ein ledernes Brillenetui, das die Schlachtersgattin nicht mehr braucht, seit sie Kontaktlinsen trägt. Stammt ja alles vom Schwein und vom Rind, war ja alles reines Tier. Deutsches Tier. (Abgesehen von den Chemikalien, über die niemand spricht.)

Deutsche Würste haben vielfach einen Fettanteil von über 30 Prozent. *Reines* Fett! Und mehr als 40 Zusatzstoffe sind auch erlaubt. *Reine* Zusatzstoffe? Macht nichts; Hauptsache Made in Germany. Denn wenn eine Wurst nichts taugt, weil sie unrein ist, stammt sie aus dem Ausland. Und was aus dem Ausland kommt, hat auf dem deutschen Markt nichts zu suchen. Es könnte ja ein Verbraucher auf die Idee kommen, die undeutschen Produkte lecker zu finden! Es bestünde sogar die Gefahr, daß einer lieber Milch und Ei und Soja in der Wurst hat als einen Fettanteil von über 50 Prozent! (Von den Chemikalien, über die niemand redet, ganz zu schweigen.)

Die Reinheit, die da pathetisch beschworen wird, existiert nicht und hat nie existiert. Weder bei unseren Würsten noch bei denen aus dem Ausland. Doch gesundheitsschädlich sind beide nicht. Würste machen dick, das ja. Aber nicht einmal das Bundesgesundheitsministerium hat sich die Argumente der Bauernfunktionäre zu eigen gemacht. Milch, Soja und Eier sind nun mal nicht ungesund. (Abgesehen von den Chemikalien, über die niemand spricht.)

Es zieht eine widerwärtige Heuchelei durch die Wurstküchen unseres Landes, durch die Hühnerställe, Brauereien, Kartoffelsalatfabriken, Käsereien und

Winzergenossenschaften. Angeblich dienen sie alle den Menschen durch Einfuhrbehinderungen, die sie ›Reinheitsgebote‹ nennen. In Wirklichkeit fürchten sie die Konkurrenz und unterlaufen EG-Beschlüsse. Nicht »die gesicherte Eiweißzufuhr der Konsumenten« liegt ihnen am Herzen, sondern der gesicherte Profit. Nicht um die Qualität ihrer Produkte sorgen sie sich, sondern um die Laune der Verbandsmitglieder, von denen sie wiedergewählt werden wollen.

Nun ist das Ganze leider kein Schurkenstück mit kleiner Besetzung, sondern ein Trauerspiel unter Beteiligung aller. Die Verbraucher haben es durch ihre notorische Anspruchslosigkeit mitinszeniert. Solange sie nach der Devise essen »Hauptsache viel, Hauptsache billig«, wird ihnen niemand etwas Besseres anbieten. Wo Sahnetorten den Nachmittag verschönern und Wurstbrote als Abendessen gelten, dort kommt so leicht niemand auf den Gedanken, neben Fett und 40 Zusatzstoffen auch noch Qualität in der Wurst zu erwarten. Von den Chemikalien, über die niemand spricht, ganz zu schweigen.

Das Lächeln der Drogistin

Vor vielen Jahren begab es sich, daß den Bauern ein Kippfenster am Himmel erschien, und eine Stimme sprach zu ihnen: »Siehe, es ist praktisch und pflegeleicht!« Da gingen sie hin, rissen die Sprossenfenster aus ihren Häusern und bauten Kippfenster ein. Zur gleichen Zeit etwa machte ein Dr. Mabuse jr. die Entdeckung, daß Kühe mehr Milch geben, wenn man sie ununterbrochen mit *Muzak* beschallt.

Diese beiden Ereignisse führten zu der monströsen Entwicklung, an deren Ende das Einkaufszentrum stand, jener der Rentabilität und der Massenproduktion geweihte Tempel, den wir, die Milchkühe des Einzelhandels, verlassen, indem wir mit jeder Handvoll Ware einen Eimer voll Verpackungsmüll nach Hause schleppen.

Was immer seitdem über die Wohlstandsbürger kam, wurde nach den Kriterien *praktisch* und *pflegeleicht* beurteilt. So blieb die Schönheit auf der Strecke: sie ist weder das eine noch das andere. Als schließlich Fast-Food-Ketten in deutschen Städten ihre Firmenzeichen aus Plastik an den letzten noch erhaltenen Barockfassaden anbringen durften, war das Ziel erreicht. Im Takt der *Muzak* traben die Milchkühe zu den Registrierkassen; Ladentheken wurden durch Gondeln ersetzt, das Lächeln der Drogistin durch den rabattlüsternen Griff nach der Familienpackung Monatsbinden. Wer früher das Hackfleisch grammweise verlangte, kauft heute fertige Buletten im Hinblick aufs Verfallsdatum. Die Hausfrau, deren Mutter noch im Tante-Emma-Laden mit der Nachbarin plauderte, bis sie an der Reihe war, pilgert mit Mann und Kindern ins Einkaufszentrum, wo die lieben Kleinen lernen, wie man dem Gott des Konsums huldigt. Und die *Muzak* spielt dazu …

Empfindet eigentlich niemand das Verschwinden der Schönheit als Verlust, während er den Einkaufswagen schiebt? Spielt das Ästhetische in unserem Leben keine Rolle mehr? Die Leichtigkeit, mit der die Kippfenster-Mentalität sich ausbreiten konnte, ist erschreckend. Auch totalitäre Regierungsformen sind pflegeleicht und praktisch! Wir wollen den totalen Konsum, das ist wahr. Aber müssen wir deshalb auch einverstanden sein mit der totalen Abschaffung der nutzlosen Schönheit? Ist in unserer Resopal-Landschaft kein Platz mehr für natürlich gewachsenes Holz, für seit Generationen liebevoll polierte Theken, Messinggriffe und andere pflegebedürftige Materialien?

Wohl nicht. Die ästhetischen Erwartungen des Fast Food-Konsumenten werden durch den Schonbezug befriedigt, mit dem er den praktischen Kunststoff fürsorglich verhüllt. Beim Anblick einer hölzernen Tischplatte sinnt er auf Abhilfe.

Auf seinen Reisen aber drängt das Touristenvolk staunend in die zweihundert Jahre alte Hofapotheke, bewundert mittels Blende 11 die offenen Reissäcke auf dem Gewürzmarkt. Sie fahren nach Rom auch deshalb, weil dort ein Café existiert, wie heißt es doch gleich, ist ja auch egal; schon Goethe hat da gesessen, und nichts soll verändert worden sein seitdem, da muß man jedenfalls hin. Alte Bauernhäuser, wieder mit Sprossenfenstern, werden unter Denkmalschutz gestellt. Von gotischen Kirchen gibt es Ansichtskarten.

Aber die Jugendstiltür im Bäckerladen war nicht pflegeleicht; die Täfelung in der Kurzwarenhandlung erwies sich als unpraktisch. Und kein Schutzverein nimmt sich der verstummten Türglocken an, die doch sogar praktisch waren. Bedenkenlos wird renoviert, also vernichtet. Was überlebt, ist Ziel von Foto-Safaris.

Wir betreiben Vandalismus im Namen der Rendite. Wir vergehen uns an Traditionen, bloß weil sie unpraktisch sind. Auch das ist eine Art der Umweltzerstörung. Wo die wenigen Zeugen einer vergangenen Ästhetik nur noch in Museen und Bildbänden besichtigt werden können; wo alte Ladenlokale die behütete Existenz kleiner Biotope führen, dort hat der gesunde Menschenverstand gesiegt. Das Land ist rentabel und pflegeleicht geworden. Die Kultur aber ist daraus verschwunden.

Geschält oder ungeschält?

Mit Rotkäppchen fing alles an. Von der Mutter geschickt, schleppt sie einen Korb mit Fressalien zur Oma und eröffnet damit den ersten Catering Service. Heute gibt es in den Großstädten viele Unternehmen, die nichts anderes tun. Anruf genügt. Man gibt seine Bestellung auf, und dreißig Minuten später hupt vor dem Haus der Lieferwagen mit der warmen Pizza oder den kalten Pommes mit Majo. Partys, Geburtstage oder Familienfeste – wo immer sich hungrige Menschen einfinden, bietet sich ein Außenstehender an, sie zu verköstigen. Gastgeber sein, macht heute keine Arbeit mehr.

Die wichtigste Zutat zur modernen Küche heißt: keine Arbeit. Für den größten Teil der Wohlstandsbürger scheint Küchenarbeit schlimmer zu sein als jede andere Arbeit. Wie gern sie Rasen mähen! Mit welcher Freude sie ihre Autos polieren! Ob sie keuchend durch den Stadtpark rennen oder das Velo die steilsten Berge hinaufdreschen – die damit verbundenen Anstrengungen ertragen sie lieber als zwei Stunden Küchenarbeit.

Doch was heißt Küchenarbeit? Was die rasenmähenden und joggenden Zeitgenossen darunter verstehen, beschränkt sich auf das Öffnen der Tiefkühltruhe, aus der sie eine Schachtel fischen, deren Inhalt in einen kleinen Kasten mit einer Glastür gesteckt wird. Dort taut er in wenigen Minuten auf und wird, da er in einer fernen Fabrik bereits gewürzt und vorgekocht wurde, aufgewärmt. Dieser aufgewärmte Schachtelinhalt, im folgenden ›Speise‹ genannt, muß nicht einmal auf Teller gefüllt werden, da er in oder auf silbernen Kunststoffolien liegt, aus denen er – wenn es sein muß auch im Stehen – gegessen werden kann.

So sieht heute in den meisten Haushaltungen die Küchenarbeit aus, und meine Enkelkinder sagen mit Recht: »Is ja grausam! Wo doch zur gleichen Zeit auf Kanal YX um den Großen Preis gekämpft wird!«

Neugierig gemacht, schalten wir Kanal YX ein und sehen, wie die Kandidaten um den Großen Preis kämpfen. Was müssen sie tun, um ihn zu gewinnen? Sie müssen ein wachsweiches Frühstücksei kochen, und wem das am besten gelingt, hat gewonnen.

Wir sehen, wie sie grübeln: Salz ins Wasser oder nicht? Wie lange muß Wasser kochen, bevor man das Ei hineinlegt? Muß es überhaupt kochen? Legt man das Ei geschält oder ungeschält ins Wasser? Einem der Kandidaten ist das offenbar egal. Tollkühn wirft er es hinein! Da jubeln wir mit den Zuschauern im Fernsehstudio und wissen, daß es eine heiße Schlacht werden wird.

Da, was macht die blonde Kandidatin? Sie fragt nach einem Löffel! Ein Löffel zum Eierkochen, hat man so etwas je gehört? Kann sie an seiner Verfärbung erkennen, ob das Ei Salmonellen hat? Das wäre eine Sensation, das würde ihr fünf Punkte bringen. Aber nein, sie braucht den Löffel, um das Ei ins Wasser gleiten zu lassen. Hat wohl empfindliche Finger.

O weh, was ist mit der brünetten Kandidatin? Mit ihrem Ei ist etwas nicht in Ordnung. Es ist geplatzt, jawohl! Das wirft sie drei Punkte zurück! Wieso können Eier überhaupt platzen? Die Brünette bricht in Tränen aus. An der Eierschale bilden sich weiße Wülste! Wo kommen die her? Was geht hier vor? Jedenfalls bedeutet es für sie das Aus.

Nur noch drei Kandidaten im Rennen, drei verbissene Bürger wie du und ich, die sich von ihren Rasenmähern losgerissen haben, um vor uns, vor Millionen Zuschauern, die hohe Kunst des Kochens zu demonstrieren, und dabei siegen oder untergehen werden.

Leider schrillt in diesem Moment der automatische Garzeitwecker an unserem digital gesteuerten Mikrowellenherd, der uns damit anzeigt, daß er das Dreigang-Menü für vier Personen vom grauen Eisklumpen in ein köstliches Festessen verwandelt hat. Wir eilen in die Küche, ziehen es aus dem Herd und tragen es in seinem hitzeabweisenden Schutzmantel vor den Bildschirm, damit wir die Entscheidung im Großen Preis noch mitkriegen.

Zu spät! Die Zuschauer rasen vor Begeisterung, der Kandidat aus Karlsruhe-Knielingen ist der Sieger! Triumphierend hebt er sein wachsweich gekochtes Frühstücksei hoch über den Kopf, ohne sich die Finger zu verbrennen. Ein toller Bursche! Er ist Programmierer, aber sein größter Wunsch ist, bei McDonalds Hamburger wachsweich zu kochen.

Inzwischen ist unser Essen kalt geworden, und wir überlegen, ob wir noch einmal in die Tiefkühltruhe greifen. Doch warum sich Arbeit machen? Es gibt ja Quick-Pizza-&-Co! Wir wählen die Nummer, geben unsere Bestellung auf und haben jetzt noch Zeit, eine Runde durch den Stadtpark zu joggen.

Küchenarbeit ist tödlich. Das hat schon unsere Großmutter gewußt. Warum hätte sie sich sonst vom Rotkäppchen die Pizza liefern lassen?

Die Wiedertäufer

Whoopy Goldberg ist mal wieder ins Fettnäpfchen getreten. Es ist das Fettnäpfchen, das in den USA überall unübersehbar herumsteht: *Politically correct*, angeblich eine Sprachregelung zum Schutze von Minderheiten, in Wirklichkeit eine Gehirnwäsche zum Zwecke der totalen Anpassung an die Ideologie der US-amerikanischen Fundamentalisten. Wer einen Krüppel verkrüppelt nennt, einen Neger einen Schwarzen, wer von *man*kind spricht und von chair*man*, macht sich in den Augen der puritanischen Sprachregler des Rassismus schuldig, der seelischen Grausamkeit oder er ist antifeministisch.

Whoopy Goldberg, die schwarze, jüdische Schauspielerin, hat ein Kochbuch veröffentlicht mit Rezepten aus der jüdischen Oberschicht. Es sind ganz normale Rezepte, keineswegs luxuriös oder extravagant. Der Begriff »Oberschicht« (*jewish princess*) dient ihr lediglich dazu, einige Sprachregelungen zu verletzen. Ein Satz wie »Schicken Sie Ihren Chauffeur zum besten Metzger der Stadt«, ist nichts als Provokation, und den Rat »Lassen Sie Ihren Koch das erledigen, während Sie sich um Ihr Make-Up kümmern« hat sie zweifellos mit gellendem Gelächter geschrieben. Aber die Sprachregler, a priori völlig humorlos, nehmen es ihr übel.

Bei uns gibt es das auch. Wir benutzen Euphemismen, um die Realität zu verschleiern. Da wird entsorgt statt auf den Müll geworfen, da gibt es keine Alten mehr, nur noch Senioren; einen Störfall nennen sie es, wenn beinahe ein Reaktor durchgeschmolzen wäre, und in einer gewissen Ecke unserer Medien wird neben der Mannschaft sofort die Frauschaft vorgestellt. Mein lieber Herr GesangsvereinIn!

Den Begriff *kulinarisch correct* gibt es ebenfalls. Da sind einmal die großen Nahrungsmittelkonzerne, deren konfektionierte Produkte (zwei Euphemismen hintereinander: statt konfektioniert muß es heißen ›fade‹, und die Produkte sind Labormonster) Zusätze enthalten, wie auf den Packungen zu lesen ist, für die ebenfalls ein viel drastischeres Wort passender wäre, das ich hier jedoch auf Anraten meines Anwalts nicht gebrauche.

Zum anderen sorgen unsere Tierschützer für eine ff. Sprachregelung, indem sie auf jeden Versuch, die Foie gras beim Namen zu nennen, mit Entrüstung reagieren. Die Tatsache, daß Froschschenkel bei unseren französischen Nachbarn ein traditionelles Essen sind, erwähnt man hierzulande besser nicht.

Als eines meiner früheren Kochbücher in einen Buchclub aufgenommen werden sollte, bestanden die Funktionäre darauf, daß ein entsprechendes Rezept ausgetauscht wurde. Meines Wissens gibt es kein deutsches Kochbuch der letzten Jahre, in dem für die Gänsestopfleber oder für Froschschenkel ein Rezept zu finden wäre. Ich bekenne gern, daß ich die nicht sehr vermisse.

Die Feinschmeckerei kann auch ohne Gänseleber und Froschschenkel existieren. Aber ich will mir von inquisitorischen Dogmatikern nicht vorschreiben lassen, wofür ich mich zu interessieren habe, und welche Dinge ich essen darf und welche nicht.

Ich bin Nichtraucher. Wenn ich jedoch sehe, mit welcher Hysterie die Raucher von militanten Nichtrauchern verfolgt werden, möchte ich mir am liebsten zwei Zigaretten gleichzeitig anzünden.

Wer weiß, ob nicht morgen die Schädlichkeit des Alkohols ebenso eifrig und eifernd nachgewiesen wird wie die des Passivrauchens. Dann werden sie einen Château Montrose zum Lammkotelett in den Restaurants nur neben der Toilettentür servieren.

Die Bemühungen unserer westlichen Demokratien kreisen alle um das Recht auf Individualität. Damit haben wir es tatsächlich weit gebracht. Gleichzeitig aber nimmt die Intoleranz gegenüber vielen Formen von Individualität zu. Vorurteile und Furcht spielen dabei eine ebenso große Rolle wie eine latente Bereitschaft zur Unterdrückung.

Die sich da als Sittenwächter aufspielen – ob im Namen der Ökologie, des Tier- oder Minderheitenschutzes – haben bei vielen ihrer Argumente meine Sympathie. Was sie mir jedoch so unsympathisch macht, ist der Fanatismus, mit dem sie jedermann zu ihrem Glauben bekehren wollen.

Es ist der Geist der Wiedertäufer und anderer Sektierer, der dabei deutlich wird. Deshalb ist es keineswegs lächerlich sondern alarmierend, wenn sie verlangen, ein Idiot sei als ›zeitweilig verwirrt‹ zu bezeichnen. Dem Idioten ist es egal; die Sprachregler aber beanspruchen, damit der Moral zu dienen. In Wirklichkeit errichten sie eine Diktatur der richtigen Meinung. Was richtig ist, entscheiden sie, und unterdrücken dann wieder einmal Goethes Liebesgedichte und zensieren Kochbücher.

Gesundheit satt

Wenn man Tageszeitungen und die üblichen Magazine liest, bekommt man den Eindruck, das Essen habe nicht das geringste mit Lust und Vergnügen zu tun, dafür um so mehr mit der Gesundheit der Menschen. Luftverschmutzung, Radioaktivität, Pflanzengifte, Insektizide – alles ganz beachtliche Gefahren für unseren Organismus, lesen wir. Was uns aber wirklich umbringt, ist das Essen.

Wird irgendwo auf der Welt ein Menschenschlag älter als der Durchschnitt, lautet die erste Frage: Wie ernähren die sich? Ist der Herzinfarkt bei einer anderen Gruppe auffällig häufig, wissen die Ernährungsgurus sofort: Die essen die falschen Sachen.

Lungenkrebs, Gehirnerweichung, Plattfüße und Gürtelrosen, was immer unseren anfälligen Körper heimsucht: es liegt am Essen. Zuviel Fett, zuviel Zukker, zuviel Eiweiß, zuviel Blutwurst, zuviel Gummibärchen, zuviel Rum im Tee – gesund bleibt der Mensch wohl nur, wenn er gar nichts ißt. Soviel Hysterie war noch nie.

Nie kommt jemand auf die Idee, nach anderen Ursachen für den maroden Zustand der industrialisierten Menschheit zu suchen. Wie wär's mit zuviel Arbeit? Zuviel Streß? Zuviel Familie? Oder zuviel Freizeit, zuviel Fernsehen, zuviele Sonderangebote, zuviele Schulden, zuviel Sport?

Mir kann keiner einreden, die Millionenheere in ihren kreischend bunten Klamotten, das Surfbrett auf dem Autodach, diese kamerabehängten, pauschalbuchenden Sandalenträger würden ihren konformistischen Lebensstil gefahrlos überstehen, aber sterbenskrank aufs Bett sinken, wenn sie eine Knackwurst zuviel essen. Natürlich kann man sich totfressen. Kann, muß man aber nicht.

Falsches Essen ist das Resultat von fehlender Bildung und nicht ein Giftanschlag der Nahrungsmittelindustrie. Daß deren Produkte einem Feinschmecker nicht gut genug sind, wird ihm als elitäres Gehabe angekreidet. Dabei zieht er nur die Konsequenzen aus dem jedermann bekannten Unterschied zwischen Massenproduktion und Handarbeit. Daß letztere teurer ist als das Massenprodukt, ist wahr. Doch Ärzte und Medikamente sind noch teurer.

Ich will nicht behaupten, ein Selbstversorger, der vom glücklichen Kalb bis zur Zitronenmelisse im Kräutergarten, mit selbstgebackenem Brot und selbstgestrickten Pullovern sich von Industrieprodukten fernhält, daß so einer nicht dennoch kränkeln und dahinsiechen kann. Er hat zunächst einmal zuviel Angst, sonst würde er nicht so konsequent leben. Und Angst macht krank, das weiß man. Vielleicht hat er/sie zusätzlich noch zuviele Kinder, die ihm/ihr auf die Nerven gehen; und dann reicht das Geld nicht für die Fruchtpresse, die sie für ihren Apfelwein brauchen. Es gibt genügend Gründe, sich ins Bett zu legen und zu stöhnen.

Der geringste Grund ist ein lustvoll genossenes Essen. Ich meine essen, nicht fressen. Völlerei ist eine Krankheit wie Bulimie. Ohnehin ist sie total aus der Mode gekommen. Das schlechte Gewissen vor dem Genuß hat sich auch auf die Mengen ausgedehnt, die wir verputzen, wenn es uns schmeckt. Zwar werden Gaststätten und Kantinen immer noch danach beurteilt, wie groß die Portionen sind. Aber wer so denkt, gehört zu den oben erwähnten ungebildeten Essern. Darauf kommt es nämlich an, daß man weiß, was man essen will.

Im Zuge der herrschenden Gesundheitshysterie wissen die Menschen meistens nur, was sie nicht essen dürfen. Die Amerikaner, schon für Ketchup und Hamburger verantwortlich, haben uns diese Verbote als lebensverbessernde Maßnahmen dargestellt. Vom Heimtrainer bis zum Cola light hat der Appell an die Angst aber nur den Umsatz der jeweiligen Hersteller verbessert.

Es geht den Warnern vor Siechtum und Tod in Wirklichkeit auch gar nicht um die Verminderung der Schadstoffe in unserem Gratin, sondern um die Verminderung unserer Lust daran, weil sie selber zu den Zungenlahmen gehören, die einen Kohlkopf nicht von einem Kalbskopf unterscheiden können und jede Art von Feinschmeckerei für überflüssig halten. Sie haben es geschafft, die leidenschaftliche Freude am guten Essen, derer sich noch die Bürger des vorigen Jahrhunderts keineswegs geschämt haben, in den Ruf des Ungehörigen, des Unvernünftigen zu bringen.

Wer nun sind diese Miesmacher, wer sorgt da so gründlich für die Vertreibung des verfeinerten Genusses? Es ist kein Klub von Verschwörern, keine Geheimloge, nicht einmal eine konzertierte Aktion der Fast-Food-Fabrikanten.

Es handelt sich um unsere Politiker, die bei jeder Gelegenheit betonen, daß Bratkartoffeln ihre Lieblingsspeise seien; es sind die Stars von Sport und Fernsehen, die ihre Popularität nicht durch ein Bekenntnis zur Haute Cuisine gefährden wollen; es ist die Pop-

Society, die sich an ihrem Swimming Pool schamlos mit dem Pappbecher in der Hand fotografieren läßt. Es sind die Vorbilder der Massen, denen Verfeinerung so fremd ist wie einem Dauerglotzer die Literatur.

Wo die Geschmacklosen den Ton angeben, bleibt vom guten Essen nur dessen Wirkung auf den Darmtrakt.

Kranksein wird teuer

Laut Speisekarte heißt es Wirsingroulade und liegt in einem dreigeteilten Teller. Die Roulade sieht aus wie eines jener prallen Kissen, die man Kleinkindern unter die Arme bindet, damit sie im Swimming Pool nicht ertrinken. Im übrigen ist sie aus Weißkohl, nicht Wirsing. Aber das spielt keine Rolle. Dieser Küche gerät alles gleich. Gleich ungenießbar.

Mit dem stumpfen Messer säge ich an der dicken Plaste herum bis sie nachgibt und ein zweites, nicht weniger dickes Kohlblatt enthüllt sowie den vertrauten Duft des Kümmels.

Ich habe in meiner Küche schon viele Kohlköpfe (weiß) verarbeitet, kann mich aber nicht erinnern, auch nur einmal so dicke Blätter unter dem Messer gehabt zu haben wie hier. Muß eine spezielle Kohlsorte sein, extra gezüchtet für Leute, die sich vor dem Mageneingang einen Shredder haben einsetzten lassen. Die Medizin ist ja so fortschrittlich. Als mir die

Hand zu lahmen beginnt, erreiche ich den heißen Kern: rot, fleischanalog, salzig.

Der Teller ist halbiert; eine Hälfte noch einmal in je zwei Viertel unterteilt. In einem Viertel dicke, rote Lava, genug, um den Ameisen in meinem Garten ein Pompeji mit Tomatengeschmack zu bereiten. Leider ist mein Garten weit weg. Im letzten Drittel erhebt sich ein Kegel von grobem Kartoffelpüree, trocken wie die Sahara, salzig wie das Tote Meer und solide wie der Fels von Gibraltar: Ein Mittagessen für frisch Operierte.

Ich hatte mir vorgenommen, diesmal dem Essen keine Bedeutung beizumessen. Daß es in einem deutschen Krankenhaus schlecht sein würde, war mir klar. Auch Vollwertküche (zu der die beschriebenen Einzelheiten gehören) ist für mich keine Lösung. Da mußt du durch, habe ich mir gesagt. Wird ja mal möglich sein.

Ist es aber nicht. Das Weißkohlkissen war keine Ausnahme, sondern die Norm. Einmal gab es eine Pizza von der gleichen Zähigkeit wie die Kohlroulade. Auch sie füllte die Hälfte des Tellers aus, auch ihr war mit dem Messer nicht beizukommen. Haufenweise werden in einem Krankenhaus die Einwegskalpelle weggeschmissen, aber die Patienten, die damit am Vortag nach allen Regeln der Tranchierkunst aufgeschnitten wurden, müssen sich mit stumpfem Nirosta und rasendem Puls abmühen, von einer Pizza Stücke abzukriegen, damit sie nicht vom Fleisch fallen. Der Überlebenskampf spielt sich hier nicht zwischen Fieberkurve und HB-Wert der Blutkörperchen ab, sondern beim Essen.

Die Pizza war mit einem Dreikomponentenkleber namens Käse derart versiegelt, daß ich sie mit beiden

Händen wie einen Expander auf einen Meter Länge auseinanderziehen konnte, worauf sie bei nachlassender Spannung sofort wieder auf ihre Originalgröße zusammenschnurrte. Im Käse staken die üblichen Dosenchampignons, Dosenpaprika, Dosentomaten, sowie Gemüsespuren. Allein der Gummiteig aus der grauen und grauenhaft gesunden Mehlsorte hätte mir gereicht. Der Probebiß in den Belag war reiner Masochismus. So bestand meine Diät zwangsläufig aus Vollkornbrot mit Butter am Morgen und Vollkornbrot mit Butter am Abend. Die Qualität der Wurst-, Schinken- und Käsesorten, die ich mir dazu hätte bestellen können, ist hinlänglich in den Steckbriefen beschrieben, die ich seit Jahrzehnten an alle Brandmauern klebe.

Es ist ein angenehmes Krankenhaus. (»Lohnt einen Unfall.«) Gute Ärzte, reizende Schwestern. Die Küche bietet Wahlmöglichkeiten. Statt der Pizza hätte ich einen Salatteller bestellen können, Durchmesser vierzig Zentimeter, dessen saure Einzelteile vermutlich vom letzten Hochwasser angeschwemmt worden waren. Oder ein paniertes Putenschnitzel von der Appetitlichkeit eines Horror-Videos. Einmal lüpfte die engelsgleiche Schwester Erika vor meinen Augen die Tellerhaube, unter der sich die deutsche Nationalspeise verbarg: eine tiefschwarze Rindsroulade, deren obszöner Anblick mich nach dem Exorzisten klingeln ließ.

Krankenhauskost ist nirgendwo gut. Das liegt an der Ausbildung. Es ist nämlich möglich, auch mit billigen Materialien schmackhaft zu kochen. Man muß nur wissen, wie.

»Wird dieses Essen denn anstandslos akzeptiert?« frage ich den Arzt. »Nun ja –«, er zögert ein wenig.

»Wir haben auch Patienten, die sich ihr Essen aus dem ›Adler‹ schicken lassen. Das ist natürlich was anderes.«

Der ›Adler‹ ist ein stadtbekanntes Feinschmecker-Restaurant. Ich falle vor der Schwester auf die Knie: »Bitte, bitte, suchen Sie mir schnell die Nummer vom ›Adler‹ raus!«

Kranksein wird teuer, schrieben unlängst die Gazetten. Wie wahr.

Laura Ashley auf dem Teller

Berufskrankheiten gab es immer. Die der Kellner – so Robert Neumann – sei der Plattfuß, die der Literaten der Größenwahn. Köche sind nicht krank, sollte man meinen. Sie essen gut und erholen sich auf dem Golfplatz.

Von wegen! Die Berufskrankheit unserer Köche heißt Kreativität. Sie ist ansteckend. Meistens beginnt sie irgendwo in Frankreich, wo ja von der Großen Revolution bis Brigitte Bardot alles begonnen hat, was Unruhe über die Menschheit brachte. Auch die Nouvelle Cuisine wurde dort durch Kreativitäts-Viren ausgelöst. Bei dem ständigen Westwind, der in Frankreich weht, verbreitete sie sich schnell in die Bundesrepublik. Hier fand sie die meisten Opfer. Ihre Symptome sind unverwechselbar und für den Gast leicht erkennbar. So entdeckt er zum Beispiel an einem Turbotfilet einen Duft, den er für Vanille hält. Er probiert und stellt fest: Es *ist* Vanille! Da er einen anderen Beruf hat als der Koch, steckt er sich nicht an.

Anders jedoch der Kollege des Küchenchefs. Er hat seinen freien Tag, sitzt am Nebentisch und will feststellen, was der liebe Kollege alles nicht kann. Doch spätestens bei der Vanillesauce zum Turbot hat er sich infiziert. Er rast mit seinem Jaguar nach Hause, hastet in die Küche, plündert die Schiebladen seines Patissiers, bis er die Vanille findet, und kocht los. Der Verlauf der Krankheit zwingt ihn, die Vanille nicht zum Turbot zu verwenden, sondern zum Hummer. Oder zu Jakobsmuscheln. Oder wo immer sie noch völlig unpassend ist.

Uns sind drei Erscheinungsformen der galoppierenden Kreativität bekannt: die mechanische, die optische und die aromatische. Allen drei gemeinsam ist, daß bei ihrem Ausbruch das Vernünftige durch das Originelle ersetzt wird. Die mechanische Kreativität äußert sich im zwanghaften Pürieren von Dingen, die der Gast lieber kauen würde.

Von der optischen Kreativität werden vor allem Köche mit schwach ausgeprägtem Geschmackssinn befallen, weshalb sie am verbreitesten ist. Weil sie nicht wissen, wie ein Gemüse schmecken muß, verlassen sich die Köche auf seine Buntheit. Sie legen auf den Tellern sieben verschieden bunte Gemüsepartikel aus, die alle gleich fade schmecken. Diese Abart der Kreativität nennt man auch Kodak-Kolor-Küche.

Bei der aromatischen Kreativität verwenden die kranken Köche Himbeeressig zum Bratfisch, die erwähnte Vanille zu *Coquilles Saint Jacques* und Minze zum Erbsenpüree. Der zuletzt genannte Fall gilt als unheilbar, weil in den beiden Bestandteilen die Symptome aller drei Kreativitätsformen vorkommen.

Die Medizin hat in der letzten Zeit beachtliche Fortschritte erzielt; einige Formen der Kreativität konnten sichtbar eingedämmt werden. Wie tückisch die Krankheit jedoch ist, zeigt eine bisher unbekannte Erscheinungsform der Kreativität: die Laura-Ashley-Küche. Dabei handelt es sich um die fatale Erkenntnis der infizierten Köche, daß den Gästen nicht automatisch schlecht wird, wenn sie Blüten und Gartenkräuter herunterschlucken. Also bekränzen und begrünen sie den Teller, bis er aussieht, wie ein von Laura Ashley dekoriertes Schlafzimmer.

Die von dieser Abart der Kreativität Befallenen irren schon morgens durch ihren Garten und pflücken Pimpernell und Ysop, Engelkreuz und Portulak, Minze und Boretsch. Dann zupfen sie Blüten von Kirschen, Jasmin, Kresse, Vergißmeinicht und hundert anderen Blumen, die auf dem Friedhof besser aufgehoben wären. Im Kreativitätsrausch streuen sie das alles händeweise übers Essen, trommeln sich auf die Brust und stoßen den kreativen Urschrei aus. Der wiederum lockt die Fotografen an, welche Köche zwar schon mit dem Bierglas in der Hand fotografiert haben, aber noch nicht beim Blumenpflücken. Da fehlt dann nur noch eine schreibende Dame von Fleurop, und die Krankheit breitet sich aus wie eine Epidemie.

Wer heute noch nicht weiß, wie sich die orangefarbene Blüte der Kapuzinerkresse von einer blauvioletten Petunie unterscheidet, der hat in diesem Sommer nicht bei einem kreativen Koch gegessen. (Sie unterscheiden sich durch ihre Farbe.)

Restaurantbesucher, die sich vor der Laura-Ashley-Küche schützen wollen, können diese leicht an ihren eindeutigen Symptomen erkennen. Diese siedeln auf den Speisekarten und heißen »Kalte Lindenblütensuppe mit Tapioka«, »Salat von Chrysanthemenblättern«, »Pfifferlinge mit Sonnenblumenblättern«, »Kressesüppchen mit Kapuzinerblüten«, »Rinderfilet mit Jasminblüten« und so ähnlich. Bei ihrem Anblick hat der Feinschmecker zwei Möglichkeiten. Entweder er verwandelt sich in eine Biene und saugt den Honig aus den Blüten, oder geht ins Wirtshaus nebenan.

Über Hans Stucki

Unlängst las ich ein Zitat von Joel Robuchon. Mit fünfzig würde er sich zur Ruhe setzen, kündigte der Pariser Küchenchef an, denn: »Ab fünfzig Jahre fällt einem Koch nichts mehr ein.«

Das ist ebenso forsch formuliert wie falsch. Jedenfalls was Hans Stucki angeht. Dieser Gigant der Schweizer Gastronomie, der mit Giradet in einem Atemzug genannt wird, wenn Feinschmecker von der Schweiz schwärmen, ist nicht nur fünfzig, er hat sogar die sechzig überschritten. Tatsächlich fällt ihm manches nicht mehr ein. Ich kenne ihn sehr gut und weiß, was das ist: Es fällt ihm beispielsweise nicht ein, die modischen Torheiten zu begehen, die jungen Köchen so lieb sind.

Es fällt ihm nicht ein, sich einem Trend anzuschließen, von dem er weiß, daß er übermorgen von einem anderen Trend abgelöst werden wird. Hans Stucki fällt es nicht ein, seinen Gästen halbrohes Gemüse zuzumuten, welches die unter fünfzig Jahren alten *al dente* nennen und ein Indiz für ihre kulinarische Unreife ist. (Robuchon, das sei hier versichert, serviert seine Gemüse in perfektem Zustand, nämlich gar.)

Stucki schäumt keine Saucen auf und verzichtet auf jedes Tellertheater; aufdringliche Kreativität hält er für eine Belästigung des Gastes: der Mann ist intelligent.

Und nicht nur das. Der Wagner-Fan aus dem Emmenthal besitzt eine zusätzliche Qualität. Die hat nichts mit Alter und nichts mit Ausbildung zu tun: Er kann schmecken. Weil er selbst gerne ißt. Von welchen Köchen kann man das behaupten? So wie er bei Weißweinen auf einer prägnanten Säure besteht, so verlangt er eindeutige Aromen, wenn es um Saucen und Suppen geht, um Gemüse und Fleisch.

Deshalb ist ein Essen in seinem Restaurant Bruderholz so anders, so viel besser als sonstwo; deshalb ragt er aus der Menge der Gewürz-Anämiker heraus. Und redet von Handwerk, wo andere von ihrer Kunst raunen.

Hans Stucki hat mit seiner Frau Susi ein Restaurant geschaffen, das wie eine Bastion der Vernunft in der Zirkuswelt der Löffelartisten steht. Seine Gäste kommen nicht, weil es zum guten Ton gehört, bei ihm zu essen, sondern weil es ihnen dort schmeckt. Hervorragend schmeckt – ohne daß sie deshalb eine Demutshaltung einnehmen müßten.

Auf dem Bruderholz geht es human zu; das Pathetisch-Dramatische suchen die Stuckis in Bayreuth. In seinem Restaurant macht er schon mal eine Blutwurst mit Äpfeln und beweist uns wieder einmal, wie wichtig die Perfektion des Einfachen ist. Und wie weise.

Paul Haeberlin

Früher und ganz früher, das heißt, zu allen Zeiten in der deutschen Geschichte, haben Kaiser, Könige und Kanzler Orden nur an Haudegen und Schlagetots verteilt. Auch wer viel Geld verdiente, sei es mit Kanonen oder der Erfindung des Volksempfängers, wurde dafür vom Staat geehrt, indem er das kleine oder große Verdienstkreuz umgehängt bekam.

Aber Köche? Welcher Herrscher, welcher Staat deutscher Provenienz hätte jemals anerkannt, daß die Herstellung köstlicher Speisen verdienstvoll sei? In welcher Epoche unserer Geschichte hätte eine Blutsauce zum Hasenrücken soviel Beachtung gefunden wie ein Blutbad unter den Feinden des Vaterlands?

Die deutschen Beiträge zur Geschichte des Essens heißen Bismarck-Hering, Reis Trauttmansdorf und Hitlers Eintopfsonntag. In Frankreich waren Köche schon vor der Großen Revolution berühmt; danach avancierten sie zu Nationalhelden. Während unsere Generalität mit Stalingrad, Leuthen und dem Teutoburgerwald in Verbindung gebracht wird, waren französische Exzellenzen stolz darauf, eine Pilzsauce oder eine delikate Version des Rinderfilets erfunden zu haben.

Bei uns war immer alles anders.

Bis gestern. Denn die Bundesrepublik hat schöne große Orden an drei Vertreter der kulinarischen Elite verteilt. An drei Franzosen, sollte ich um der Genauigkeit willen hinzufügen. Aber das geht in Ordnung. Schließlich waren es die Franzmänner, deren Weine schon Goethe bevorzugte, die uns zeigten, was gute

Küche ist, und deren Einfluß auf das derzeit ganz passable Niveau unserer Gastronomie gar nicht hoch genug einzuschätzen ist.

Es sind die Messieurs Paul Haeberlin, Paul Bocuse und Léon Bayer. Letzterer ist ein Winzer, aber auch Bürgermeister von Eguisheim im Elsaß, und in dieser Eigenschaft fast automatisch in der Schußlinie deutscher Ordensverleiher. Bocuse hat den Köchen – nicht nur den deutschen – immer wieder klargemacht, daß sie auch so groß und so berühmt werden könnten wie er, wenn sie in ihren Restaurants nur ein bißchen besser kochen würden. Und damit meinte er: nicht so kompliziert. Dafür gebührt ihm Dank, auch und vor allem im Namen der deutschen Esser.

Mit Paul Haeberlin hat das Bundesverdienstkreuz sogar jemanden gefunden, an dessen Hals es funkelt und leuchtet wie bei keinem anderen.

Der gütige Mensch von Illhaeusern hat sich wahrlich um die Eßgewohnheiten der Deutschen verdient gemacht! In seine »Auberge de l'Ill« sind sie schon vor fünfundzwanzig Jahren gepilgert, die heute kenntnisreich zwischen einer *Foie gras d'oie* und einer *Foie gras de canard* zu unterscheiden wissen. Bei ihm hat Witzigmann gelernt und konnte so die erste Bresche in die Phalanx der genußunwilligen Weißwurstzutzeler schlagen. Die Küche der »Auberge de l'Ill« war für Tausende die erste Station auf dem Weg in die Feinschmeckerei, an derem vorläufigen Ende die unaufhaltsame Vermehrung von guten Gasthöfen und hervorragenden Restaurants steht.

Ich will nicht behaupten, daß das alles ohne Paul Haeberlin und seine Küche nicht möglich gewesen wäre. Aber ganz sicher hätten wir das gute Essen, die Freude am Genuß nicht so fröhlich gelernt. Ohne die

Liebenswürdigkeit erfahren zu haben, mit der in Illhaeusern, so nahe hinter der deutschen Grenze, die Hohe Schule des Kochens praktiziert wurde, hätten viele von uns die Begeisterung für die Kunst des Lebens nicht aufgebracht.

Deren Attribute waren zwar neu, aber doch nicht fremd. Die Nudeln sind Verwandte unserer Spätzle, die elsässischen Fische schwammen auch in unseren Flüssen, und die Vorliebe für Wild und Sahne und Weißwein, die hatten wir mit diesen Lehrmeistern gemeinsam. Nur daß bei ihnen alles etwas delikater war, daß dort souverän und unangestrengt der Kochkunst gehuldigt wurde, während man den Rehnüßchen deutscher Köche anmerkte (und anmerkt), wie verbissen und nervös es in ihren Küchen zuging.

Paul Haeberlin ist der Geburtshelfer der deutschen Spitzengastronomie. Er ist der Taufpate der bekennenden Genießer. Er gibt uns unser Selbstvertrauen zurück, wenn wir aus dem Umkreis der Ordensverleiher erfahren, daß schon die bescheidene Vorliebe für das, was sie den toskanischen Lebensstil nennen, sich eigentlich nicht ziemt.

Ein großer Orden hat einen großen Menschen gefunden.

II.
Topf & Teller

Manchmal muß man sie mit der Lupe suchen

Es ist für mich heute unvorstellbar, daß ich eine Stadt betrete und nicht weiß, wie das beste Restaurant heißt, und wo es sich befindet: die Routine des Berufsessers. Das war jedoch nicht immer so.

Ich erinnere mich an eine Fahrt im Auto nach Paris in den späten Fünfziger Jahren. Will Wehling, der mit Hilmar Hoffmann die Oberhausener Kurzfilmtage gegründet hatte, saß mit im Auto. Es war Mittag, wir hatten Hunger, aber – damals gab es noch keine französischen Autobahnen – wir steckten tief in den Wäldern hinter der belgischen Grenze.

»Im nächsten Dorf wird gegessen«, verkündete ich entschlossen und hatte keine Ahnung, wo und wie das nächste Dorf sein würde. Nun, es war öd und leer, wie Dörfer auf dem Land zu sein pflegen. Langsam fuhren wir die Hauptstraße entlang und musterten die trostlosen Fassaden der Kneipen, von denen es einige gab.

»Da!« schrie Will plötzlich. »Hinterher!«

Aufgeregt deutete er auf einen wohlbeleibten Pfarrer, der in Begleitung einiger Bürger zielstrebig auf eine der Kneipen zuging.

»Wo Pfaffen essen, wird gut gekocht!« erklärte der Katholik Wehling. Er hatte recht. Wir aßen vorzüglich. Das Restaurant bekam kurz darauf einen

Michelin-Stern: »Hostellerie Lenoir« in Auvillers-les-Forges.

Nicht immer läuft ein Pfarrer voraus, wenn man ein Restaurant sucht. Was dann? Im Dorf oder in der Kleinstadt ist das ziemlich einfach. Das Restaurant, vor dem die meisten einheimischen Autos stehen, ist bestimmt gut. Das gilt vor allem mittags, weil dann die Geschäftsleute essen, und die machen keine Konzessionen an Gemütlichkeit, Sonnenterrasse, Panoramablick und dergleichen; die wollen für ihr Geld das bestmögliche Futter und basta. Deshalb sind in Frankreich auch die Kneipen an den Landstraßen, wo mittags zwanzig und mehr Lastwagen parken, ein relativ guter Tip, wenn auch das Gebotene dort über ein bescheidenes Niveau nicht hinausgeht.

Viel schwieriger und fast hoffnungslos ist die Suche nach dem besseren Restaurant in touristischen Orten, mögen sie noch so klein sein. Die Fischerorte am nördlichen Mittelmeer zum Beispiel sind ein wahrer Alptraum für den hungrigen Feinschmecker. In jedem Haus eine Kneipe und alle kochen die gleichen Sachen. Wo einkehren? Welche Schuppen meiden? Es ist ein Lotteriespiel.

Nur ganz ausgefuchste Esser sehen den aushängenden Speisekarten an, wo man sich mehr Mühe gibt. Nicht bei den Suppen und den Fischen, die werden im Zweifelsfall überall gleich gut oder gleich schlecht sein. Aber die Desserts! Überwiegen dort die konfektionierten Dinge aus der Tiefkühltruhe, dann weiß ich, daß der Koch wenig Ehrgeiz hat, dann versuche ich es beim Nachbarn.

Nicht viel anders ist es in den barocken Städten Süddeutschlands oder im niedersächsischen Fachwerklabyrinth. Wo es das Steak und das Schnitzel in

allen Variationen gibt, die Wildente im Sommer und den Rehbraten ganzjährig, dort gehe ich nicht hinein. Sogar wenn ich ausnahmsweise mal ein Schnitzel essen will, suche ich mir ein Gasthaus aus, wo der Koch auch Nieren, Leber und Hirn anbietet, denn diese Dinge kann man nicht vorgekocht einfrieren, die muß man à la minute kochen können, und wer das kann, dürfte auch ein mageres Stück Fleisch hinkriegen.

In den Großstädten gibt es ein zusätzliches Problem: die Restaurants müssen erst einmal gefunden werden. Steht mir der Sinn nach einer einfachen Mahlzeit, fragte ich mich zum Markt durch. Kleine, ehrenhafte Kneipen sind überall bei den Markthallen angesiedelt, das ist in Frankfurt und Stuttgart nicht anders als in Verona, Avignon oder Paris. Dagegen meide ich Fußgängerzonen und die Umgebung touristischer Attraktionen.

Erstklassige Restaurants dagegen sind leicht zu finden. Ich brauche nur einen verläßlichen Restaurant-Führer. Da der nicht mehr kostet als eine halbe, gute Mahlzeit, wird sich ein Feinschmecker vernünftigerweise nie ohne einen solchen Guide auf die Reise begeben. Zumindest für das benachbarte westliche Europa gibt es den Guide-Michelin und den Gault-Millau, sowie zusätzlich (in Italien) den Veronelli und (in England) den Egon Ronay; Spezialführer fürs Elsaß (Guide Pudlowski) existieren ebenso wie kulinarische Führer durch Pariser Bistros und New Yorker Restaurants.

Nun gibt es im Leben der Vielreisenden nicht nur Paris und Florenz, sondern auch Kairo, Athen, Bangkok, Sidney und Tokio. Und wie man dort überlebt, ohne die ewig gleichen Pizzas und Hamburger zu schlucken, das gleicht einem Russischen Roulette. Ich würde mich nicht scheuen, Einheimische nach dem ihrer Meinung nach besten Restaurant zu fragen. Je nachdem, welche Kategorie von Restaurant mir vorschwebt, frage ich entweder Metzger, Fischhändler und Marktfrauen (die haben oft erstaunlich hohe Ansprüche!), oder ich frage den Apotheker, den Notar und den Journalisten, das sind erfahrungsgemäß Berufe mit dem höchsten Anteil an Feinschmeckern.

Die Ratschläge von Reiseleitern, Polizisten, Portiers und Taxifahrern führen fast immer in die kulinarische Katastrophe. Sinnlos ist es in jedem Fall, zur Mittagszeit einem indischen Mönch zu folgen. Statt in einem guten Restaurant landet man an einem verdreckten Fluß und muß meditieren.

Maître Antony

Wieder einmal bei Maître Antony in Vieux-Ferrette. Die Leute kommen jetzt schon in Bussen, um in seinem *Kas Keller* zu schnabulieren. Als wir parkten, verließ gerade eine Gruppe älterer Herrschaften sein kleines Häuschen, in dem man vielleicht einen pensionierten Briefträger vermuten würde, aber nicht den besten – und inzwischen berühmt gewordenen – Affineur Ostfrankreichs.

Der Keller, in Wirklichkeit ein kleiner, ebenerdiger Degustierraum, war voll. Ein Sportclub hatte sich an den wenigen Tischen niedergelassen und wartete auf den Beginn der großen Käseorgie, die Maître Antony nach Anmeldung veranstaltet. Wohl dem Gourmet, der hier ausgeruht und hungrig einkehrt! Um sich all der Köstlichkeiten aus nicht pasteurisierter Kuh- und Ziegenmilch zu widmen, bedarf es einiger Aufmerksamkeit. Das ist nicht anders als bei Weindegustationen. Die ersten drei, vier Käse enthüllen der gierigen Zunge bereitwillig ihre Vorzüge bis zur subtilsten Nuance. Danach wird es schwieriger. Der Wein – kein Käse ohne Wein, auch hier im *Kas Keller* nicht – tut sein übriges. Die Stimmung wird besser, die Stimmen werden lauter, und die Zunge beginnt zu lahmen.

Maître Antony steht hinter dem Käsetisch wie ein Professor hinterm Pult und doziert in Französisch. Über dreißig sorgfältig ausgesuchte Käseproduzenten schicken ihm aus ganz Frankreich ihre Produkte, vorwiegend aus dem Südwesten und Süden. Das erklärt das Übergewicht der Ziegen- und Schafskäse. Bei den wahren Käse-Aficionados stehen sie sowieso an erster Stelle. Bei allem Respekt für einen reifen Camenbert aus der Normandie und einen rezenten Emmentaler – was die kleinen Produzenten aus den Tälern und von den Almen der Auvergne, aus dem Lot, Aveyron, Drôme und dem Mâconnais nach Vieux-Ferrette schicken, sind kleine Wunder an Individualität. Raritäten von unvermuteter Raffinesse.

Zu den Kunstwerken, wie sie hier von begeisterten Sportsfreunden und sprachlosen Feinschmeckern probiert werden, macht sie allerdings erst der Meister selber. Die Art der Lagerung (Temperatur, Feuchtigkeit und Dauer) entscheidet über den Rang der Käse. Deshalb kriegt man sie sogar in namhaften Delikatessgeschäften nie in einem derart perfekten Zustand wie hier in Vieux-Ferrette. Käse sind empfindlich. Schlechte Behandlung nehmen sie schrecklich übel und schmollen für den Rest ihres kurzen Lebens. Einmal zu kalt gelagert und Schluß. Wer kennt sie nicht, den trockenen *Marcellin*, den seifigen *Crottin*, den biegsamen *Gruyère* und den harten *Brie*?

Erfüllung findet der Käsefreund nur selten und erst nach langem Suchen. Auch Vieux-Ferrette liegt versteckt im südlichen Sundgau, und wer bei Maître Antony den reifsten und aromatischsten *Banon* seines Lebens vorgesetzt bekommt, darf nicht hoffen, davon einen größeren Vorrat mit nach Hause zu nehmen. Nur hier, in den Kellern dieses Hohepriesters *de fromage*, nur für eine kurze Zeit entfalten sie ihre ganze Schönheit.

Maître Antony tritt an eine Landkarte und zeigt seinen Gästen, wo die Geburtsstätte des cremigen *Brie de Chevre* liegt, der sie zu bewunderndem Gemurmel hinreißt. Madame Antony kommt aus einem kleinen Nebenraum mit einem riesigen Brotlaib. Als nächstes wird es einen geschmolzenen Ziegenkäse geben, auf Brot mit etwas Salat. Danach einen anderen und noch zwei, sodann weitere Käse, milde Käse, rassige Käse, weiche Käse, harte Käse, Käse mit roter Rinde, mit brauner Rinde, mit Thymian, in Kastanienblätter eingewickelt und von Blauschimmel durchzogen. Käse ohne Ende.

Manch einer wird nach Hause gehen und für die konfektionierten Produkte der Großproduzenten ver-

loren sein. So ist das nun einmal, im Kulinarischen wie in der Politik: Das Bessere ist der Feind des Guten. Wir brauchen viele Bernard Antonys. Überall.
(17, rue de la Montagne, Vieux-Ferrette,
Tel. 89.40.42.22)

Freiburg und Umgebung

In meiner Kindheit gab es einen Aufkleber, der ausnahmsweise nicht mit einem Hakenkreuz verziert war, sondern mit einem grünen Herz. »Thüringen, das grüne Herz Deutschlands« war daneben zu lesen. Ich war zu jung, um zu begreifen, was damit gemeint war; noch weniger wäre es mir damals möglich gewesen, die stolze Behauptung nachzuprüfen.

Heute, fünfundfünfzig Jahre später, könnte ich mir einen anderen Aufkleber vorstellen: »Freiburg, das kulinarische Herz Deutschlands«. Ich wüßte sofort, was er bedeutete. Ich habe es nämlich nachgeprüft: In der Region Freiburg ißt man besser als irgendwo sonst.

Man könnte das auch wissen, ohne jemals dort gewesen zu sein. Ein Blick auf die Landkarte läßt gar keine andere Deutung zu. Den Schwarzwald mit seinen Spezialitäten im Rücken, öffnet sich die Region Freiburg dem Elsaß mit all seiner Pracht und Küchenherrlichkeit; die Reben des Kaiserstuhls stehen vor der Haustür, und auch die nahe Schweiz wird ja nicht folgenlos für die Eßgewohnheiten der Breisgauer sein. So glücklich eingebettet in Landschaften, wo Milch und Honig fließen, oder – etwas prosaischer formuliert – wo der Verzehr von Hechtklößchen und Gänseleber keine Extravaganz bedeuten, da muß einfach ein kulinarisches Klima entstehen. Ein Klima, wie es in keiner anderen Region Deutschlands zu finden ist.

Nun weiß jeder Weinfreund, daß ein ideales Mikroklima allein noch keinen großen Wein wachsen läßt. Dazu gehört denn doch einiges mehr. Im Fall der Region Freiburg ist es das einmalige Zusammentreffen von ehrgeizigen Wirten und emanzipierten Essern. Die Gastronomie versucht erst gar nicht, die Kochkunst als Geheimwissenschaft zu verkaufen, welche den Gästen das Staunen beibringen soll, während die einheimischen Esser sehr konkrete Vorstellungen haben von dem, was sie essen wollen, und wie das zu schmecken habe. Niemand, der sich bei Hans Paul Steiner in Sulzburg an den Tisch setzt, muß diesen um Aufklärung bitten, was denn nun ein Hummerragout mit Nudeln sei; der Unterschied zwischen einem Gutedel und einem Weißburgunder ist den Schlemmern dieser Region ebenso geläufig wie die Namen der besseren Weingüter vom Kaiserstuhl und des Markgräflerlandes.

Die Kundschaft der Gastronomie besteht hier aus Kennern. Imponiergehabe und Kreativität um ihrer selbst willen, dieses Serienzubehör vieler Gourmet-

Adressen in anderen Landesteilen, werden hier von den Gästen als das erkannt, was sie sind: Kokolores von unsicheren Köchen für unsichere Gäste.

Ein kleines Wunder ist es schon, dieses kulinarische Herz Deutschlands. Fast in jedem Dorf gibt es ein Gasthaus, das zu betreten sich kein Feinschmecker schämen muß. (Nicht in jedem. Fast ...!) Die Einheimischen halten das für normal; der Norddeutsche aber wundert sich. Sucht man nach einer Erklärung für diesen erfreulichen Aspekt der Landschaft am Oberrhein, so fällt vor allem eines ins Auge: Hier gibt es keine Schickeria!

Die Kulinar-Snobs, in Großstädten unverzichtbar, weil dort ohne sie die spektakulären Futterstellen nicht existieren könnten, müssen sich hier fühlen wie Ballettänzer auf dem Bauernhof. Provinz, dieser Zustand sowohl der Ruhe als auch der Rückständigkeit, erweist sich (wieder einmal) als Segen für die Küche. Wer nicht für Statusesser kochen muß und modische Trends gelassen ignorieren darf, der hat seinen gehetzten Kollegen in den Großstädten viel voraus.

Das soll jedoch nicht bedeuten, in den Küchen des Freiburger Raums herrsche stilistischer Stillstand. Der Zucchinifächer und die sieben verschiedenen Minigemüse sind auf den Tellern der südbadischen Restaurants zu finden. Aber dort habe ich derartigem Firlefanz immer das Gefühl: das geht vorüber, das ist hier kein Dogma, sondern Gedankenlosigkeit. Die können sich die Köche nämlich schon mal leisten, weil sie von ihren Gästen nicht permanent Zensuren erteilt bekommen. Im Freiburger Land geht man nicht ins Gasthaus, um Punkte zu vergeben, sondern um sich wohl zu fühlen.

Diese Einstellung ist es, die dieses kulinarische Klima geschaffen hat, von dem Wirte in anderen Regionen nur träumen können.

Man sehe sich einmal an einem beliebigen Tag, mittags ebenso wie abends, die Gäste im »Colombi« und im »Markgräfler Hof« an, die beiden besten Restaurants der Stadt. Beides sehr gepflegte Etablissements; das »Colombi« überrascht mit einem betont eleganten Ambiente (überraschend allerdings nur für den, der Roland Burtsche, den Besitzer und rastlosen Verschönerer, nicht kennt); der »Markgräfler Hof«, von außen eher unscheinbar, präsentiert sich dem Eintretenden als kleines Kunstkabinett von intimer Gemütlichkeit. Die Gäste ähneln sich verblüffend. Es sind, was man früher die Notabeln nannte. Keine Trendsetter, keine Media-People; dafür ein bißchen Kunst, Theater und Universität, mehr oder weniger gut-bürgerlich. Und niemand geht hin, um gesehen zu werden; niemand, der die gebotene Kochkunst nur schätzt, weil er auf Spesen ißt. Ein paradiesischer Zustand!

Das »Colombi« hat einen Michelinstern; der »Markgräfler Hof« hätte ihn verdient. Die Unterschiede der Küchen betreffen kaum die Qualität, sondern den Stil. Während Alfred Klink seit Jahren eine betont arrivierte Küche praktiziert, wie sie dem zeitgenössischen Standard entspricht, hält H. L. Kempchen, der Patron des »Markgräfler Hof«, seine Küche dazu an, die Suppen und die Kutteln nicht zu vergessen, wie überhaupt seine Gäste bei ihm nicht alltägliche, delikate Entdeckungen machen können. Außerdem hat er die größte und beste Weinkarte weit und breit. Über 600 Weine, die Hälfte davon aus der nahen Region, das findet man so leicht nicht noch einmal. Aber auch dieser rühmenswerte Superlativ wird nicht etwa stolz herausgestellt, sondern als kleines Hobby des Patrons heruntergespielt. So etwas schafft die Atmosphäre, in der Gäste sich wohl fühlen.

Nun hat die Stadt Freiburg mehr zu bieten als zwei Restaurants der Gourmet-Klasse. Von den vielen sei hier »Oberkirch Weinstuben« am Münsterplatz genannt. Die Lage allein (Münster und Markt direkt vor der Haustür) macht so ein Gasthaus wohl automatisch zur Touristenattraktion, so daß die Küche sich auf ein volkstümlicheres Niveau begeben kann. Aber wie dieser Umstand nicht etwa schamlos ausgenützt wird, sondern auch in diesen holzgetäfelten, alten Stuben wie selbstverständlich ein Stück Eßkultur geboten wird, das ist ebenso typisch für Freiburg wie staunenswert.

Man sollte erwarten, daß in einer Weinbauregion besser gegessen wird als dort, wo man Schweine züchtet. Leider gibt es Ausnahmen, aber im Raum Freiburg ist das so. Die Kaiserstühler Weine sind sogar noch besser als die Kaiserstühler Küche. Allerdings hat die Vulkanlandschaft vor den Toren Freiburgs ein Vorzeigerestaurant, den »Schwarzen Adler« in Oberbergen. Jahrelang hatte diese prominente Adresse zwei Michelinsterne und erfreut sich auch heute noch großer Beliebtheit. Mit Recht, wie ich finde. Denn dort wird unbeirrt ein Stil gepflegt, der zuerst und vor allem der Eindeutigkeit verpflichtet ist. Ornamente, Umwege und Kapriolen hat der Patron (Franz Keller sen.) seinem Küchenchef nie erlaubt. Wer raffiniert komponierte Degustationsmenüs sucht, ist hier an der falschen Adresse. Aber die Lust am Essen wird er nicht vermissen, ob er sie bei einer durchgebratenen, knusprigen Ente erlebt oder bei der getrüffelten Poularde. Der »Schwarze Adler« in Oberbergen ist das alemannische Restaurant in nuce: nicht mondän sondern ländlich. Ein Lokal, in das auch ein Pfarrer gehen könnte. Ein Pfarrer allerdings, der das gute Leben als gottgefällig ansieht. Und den Wein sowieso.

Nicht weit davon entfernt das genaue Gegenteil, und trotzdem eine typische Adresse für diese Region: das Gasthaus »Zum Kaiserstuhl« in Niederrottweil. Das ist eine richtige Dorfbeiz, ohne Schick und ohne Charme, das gibt es tausendfach in allen Bundesländern. Doch die Weinkarte verzeichnet die besten Tropfen der Umgebung, und sie werden in Riedelgläsern serviert. Essen kann man neben den traditionellen Filetschnitzelvariationen so eigenartige Dinge wie warme Wirsingsalate zur Wildpastete, Bärlauchwurzeln zum Lammfleisch und Wan-Tang-Taschen mit Pilzgemüse. Nicht alles gelingt dem jungen Koch, aber daß hier jemand die traditionellen Brägele (Bratkartoffeln) mit weißen Bohnen zusammenbringt, dieser kulinarische Pleonasmus ist eben doch interessanter als die Linsen mit Spätzle weiter östlich oder der Reisrand mit Kartoffeln im Norden. Und wie oft finde ich (und wo) derartig leckeres, selbstgebackenes Brot?

Also sitzen hier nicht nur die Dorfbewohner, sondern auch andere Breisgauer, deren Spürnasen das bessere Essen aus großer Entfernung wittern.

Diese ungehemmte Lust am Kulinarischen liegt wie eine Verheißung über der Landschaft. Mehr als die hübschen Wirthausschilder ist sie es, die dem Durchreisenden signalisiert: Hier läßt sich's gut leben! Sogar wer versäumt, im »Hirschen« in Sulzburg zu essen, in diesem gastronomischen Juwel der Familie Steiner, wird den Seinen zu Hause erzählen können, daß er immer hervorragend gegessen habe auf seiner Reise durch die Region Freiburg. Und er wird beschreiben, mit welcher Sicherheit die Bürger dort den Wein bestellen, wie sie vertrauten Umgang pflegen mit Speisen, die woanders als extravagant gelten und die, auch das wird er betonen, im Freiburger Land längst nicht so teuer sind wie anderswo.

Die Grenzen dieser auserwählten Region zu benennen ist ebenso willkürlich wie einleuchtend: sie werden bestimmt durch zwei fabelhafte Restaurants im nahen Schwarzwald, das »Parkhotel Wehrle« in Triberg und den Gasthof »Zum Engel« in Vöhrenbach. Wieder zwei Adressen von gegensätzlichem Reiz. Das »Parkhotel Wehrle« ist ein Schmuckstück an Schwarzwälder Gastlichkeit, von den schönen Möbeln bis zu den Forellenspezialitäten und dem freundlichen Service. Ich habe Elsässer Freunde, die sich in ihrer heimischen Gastronomie sehr gut auskennen, es sich aber nicht nehmen lassen, Jahr für Jahr in Triberg ein paar genußvolle Tage zu verbringen.

Der »Engel« in Vöhrenbach dagegen ist nur ein Dorfgasthaus, allerdings weder armselig noch bescheiden. Am Herd steht der Patron, Reinhold Ketterer, und was er den Gästen auftischt, ist ebenso mit einem Michelinstern belohnt worden wie der Küchenchef des Hoteliers Claus Blum in Triberg. In Vöhrenbach, wo es weniger touristisch zugeht, haben die Spezialitäten einen scheinbar derben Charakter, in Wahrheit aber werden sie von Reinhold Ketterer bis zur Delikatesse verfeinert. Und zwar ohne prätentiösen Trommelwirbel.

Hier oben, wie in der Ebene, pflegen Köche nicht nur einen guten Weinkeller, sondern auch den gesunden Menschenverstand. Im Süden eine Grenze der kulinarischen Spitzenregion zu ziehen, kann nur ungerecht sein. Das kleine Schlaraffenland am Oberrhein setzt sich eigentlich fort bis zur Schweizer Grenze.

Doch 42 Kilometer sind genug. So weit entfernt von Freiburg liegt Müllheim, das Zentrum des Markgräfler Weinbaus, und dort steht die »Alte Post« für das, was hier nur unvollständig als Reservat normaler alemannischer Lebenslust beschrieben wird.

Wegen ihrer Lage an der B3 ist man versucht, die »Alte Post« als Durchgangsgastronomie zu bezeichnen; vielleicht ist das nicht einmal falsch. Gut-bürgerlich ist in jedem Fall richtig, und es bedarf schon des ersten Gangs, daß dem Gast langsam dämmert, so simpel, so beliebig, wie er sich das vorgestellt hat, geht es hier nicht zu. Denn der Sohn des Hauses, Heiner Mack, kann nicht nur abschmecken und große Portionen servieren; er ist auch klug genug, moderne Eßgewohnheiten zu berücksichtigen: Bei ihm wird, unaufdringlich aber deutlich, die Vollwertkost mit der Gourmet-Küche kombiniert. Sogar auf der hervorragenden (und menschenfreundlich kalkulierten) Weinkarte findet man Bio-Weine der Region.

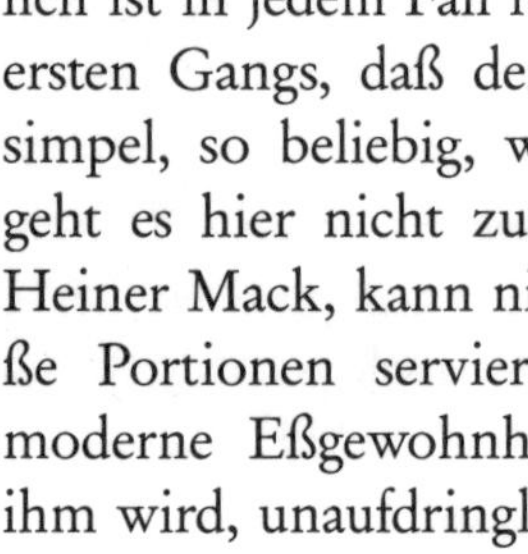

Das Hotel »Spielweg« im Oberen Münstertal wiederum ist ein Ferienhotel, wie sich ein Optimist die süddeutsche Gastronomie vorstellt: gepflegte Rustikalität, gemütliche Folklore, erstklassiges Essen und moderner Komfort. Und wieder überrascht die lockere Atmosphäre, die Selbstverständlichkeit, mit der die tafelnden Herrschaften das genießen, was woanders ein rares Ereignis wäre. Lebensart nennt man das. Die hat man halt am Oberrhein.

Über Sylt

Dreißig Jahre sind eine lange Zeit. Dreißig Jahre ist es her, daß ich zum letzten Mal auf Sylt war. Damals waren die braungebrannten Häuptlinge in ihren teuren Autos alle älter als ich.

Heute sind sie jünger. Außerdem sind die Braungebrannten nunmehr Eingeborene. Zwar wohnen sie elf Monate im Jahr in Hamburg oder Düsseldorf. Aber dort fühlen sie sich wie Heimatvertriebene. Erst in ihren reetgedeckten Häusern (Wedgewood, Mahagoni, Messing) und Appartements (Leder, Fichte, Kupfer) sind sie wieder sie selbst: der goretexgeschützte Beweis dafür, daß sie es zu was gebracht haben. Schon damals, bei meinem letzten Besuch, ging es ihnen gut auf ihrer Insel. Nur essen konnten sie nicht so, wie es ihnen eigentlich zugestanden hätte, und wie man es von den Rothäuten der Buhne 16 erwartet. Doch inzwischen haben sie es gelernt, und

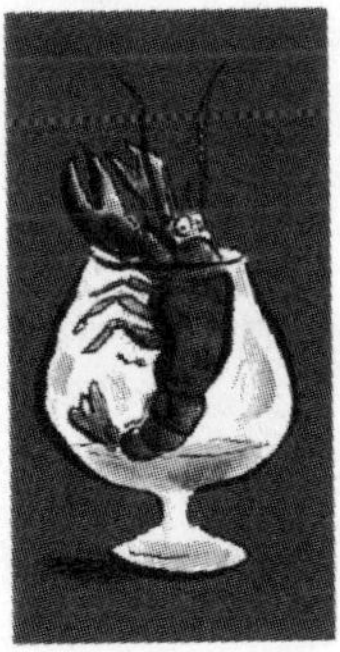

die Sylter Gastronomie hat sich darauf eingestellt. Die besteht fast immer noch aus denselben Namen und Adressen; bei einigen Speisekarten hatte ich den Eindruck, sie hätten dreißig Jahre Ebbe und Flut unverändert überstanden.

Der Tourismus, der sich im französischen Sylt, nämlich in Saint-Tropez, so verheerend auf die kulinarische Szene ausgewirkt hat, erweist sich auch hier nicht als Förderer einer modernen Küche. Dafür entschädigen die Sylter Austern, welche, wie der Helgoländer Hummer, weltweit das Bild vom grobschmekkenden Deutschen korrigieren könnten – wenn es mehr davon gäbe.

Für den Besucher vom Festland ist die Insel-Folklore exotisch: Gezeugt vom Pöseldorfer Antiquitätenhandel, ausgetragen vom Baukastensystem der Reetdachdecker und ins Leben gerufen vom Selbstwertgefühl derjenigen, die sich unter einem Reetdach mit englischen Antiquitäten gegen die Mondlandschaft der Dünen und den unbarmherzigen Westwind abzuschirmen vermögen. »Trutz blanker Hans!« ist auf Sylt kein altertümliches Zitat, sondern die aktuelle Forderung, dem rauhen Inselklima in den neuesten Freizeittextilien zu widerstehen. Es ist wohl auch der trotzige Versuch, den allgegenwärtigen Verlockungen der regionalen Küche zu entkommen. Wer im Vorbeifahren liest (der saiso-

nale Dauerstau macht dies leicht), daß Imbißstuben eine »Tote Tante« anbieten, der verzichtet weise auf weitere Erklärungen und steuert ohne Umwege den Wigwam des größten aller Küchenhäuptlinge an:

Restaurant Jörg Müller

Der schnauzbärtige Bonvivant gleichen Namens ist, wie jeder Feinschmecker weiß, ebenso berühmt wie sein Bruder Dieter, welcher in Lerbach bei Bergisch Gladbach den Ruhm der deutschen Gastronomie mehrt. Jörg, der ältere, hat sich in Westerland ein reetgedecktes Backsteinhaus gebaut und darin sein Restaurant, das beste der Insel, installiert. Es besteht genau genommen aus einem Gourmet-Restaurant und einer Art von Edel-Bistro, das in der Indianersprache »Pesel« genannt wird. Also die marktgerechte und somit vernünftige Aufteilung in eine feine und eine bürgerliche Gaststube. Die Speisekarten sind zwar verschieden, aber die Köche dieselben. So kann man sich risikolos beiden Klassen anvertrauen, ohne einen Reinfall befürchten zu müssen.

Das Erstaunliche ist allerdings, daß die Euphorie sich nicht einstellte, die ich eigentlich erwartet hatte, als ich in dem hellen und unaufdringlichen Raum zu Mittag aß. Es lag sicherlich daran, daß Jörg Müller der Mode von gestern hinterherkocht, derzufolge auf einem Teller möglichst viele bunte, zurechtgeschnitzte und möglichst rohe Gemüsepartikel herumzuliegen haben. Es lag gewiß auch am Lollo Rosso, diesem unverwüstlichen Dekorationssalat ohne kulinarischen Wert, dem er verfallen ist wie alle Köche, die vom Broccoli loskommen wollen. Es hatte mit den Saucen zu tun, die viel Schaum zeigten, eindeutige Aromen aber vermissen ließen. Wie überhaupt der jeweilige Geschmack einer Speise immer nur konziliant, also versöhnlich und gefällig war, nie aber die Handschrift eines selbstbewußten Könners verriet.

Trotzdem war unser Essen nicht schlecht. Nur erwarte ich von einem der angeblich besten deutsche Köche mehr als Gefälligkeit.

Wäre es denkbar, daß die Eßgewohnheiten der Sylt-Indianer einen Küchenchef seines Kalibers nicht genug herausfordern? Dem großen Verbrauch an Feuerwasser auf der Insel entspricht auch die Weinkarte. Sie ist riesig und bietet bis hin zum 1945er Mouton-Rothschild alles, was gut und teuer ist.

Jörg Müller, Pesel

Wodurch sich die bürgerliche Spielart des Müllerschen Betriebs von der feinen unterscheidet, ist auf den ersten Blick kaum auszumachen. Statt des Teppichbodens gibt es hier schöne italienische Fliesen, und die neuen Kacheln an den Wänden verhindern die Hängung alter Bilder. Darüber hinaus, wie schon gesagt, dieselbe Küche, dieselben Köche. Und, nicht überraschend, auch derselbe Stil.

Das bedeutet, daß auch im »Pesel« das Heringstartar nur gefällig gewürzt und von viel unnötigem Salat umgeben auf den Tisch kommt; daß die Fischsuppe durch die ortsübliche Sahnebeigabe versteift wird, und der Lollo Rosso seinen unvermeidlichen Auftritt hat. Doch der Kartoffelsalat ist herrlich, und die Lammwürstchen aus eigener Herstellung gehören zu den Höhepunkten der Pesel-Küche. (Drüben, im feinen Teil, kriegt man sie nur in Mini-Portionen als amuse gueule.) Hier wie dort sind die Fische frisch und auf den Punkt gegart, aber bei ihrer Zubereitung vermisse ich das Exzeptionelle, das, was im Vergleich zum Rest der kochenden Konkurrenz als außergewöhnlich im Gedächtnis bliebe. Sogar das Deichlamm war als Ragout nur faserig und nichtssagend. Und die Gemüse bestehen wieder einmal aus der modischen Vielfalt bunter und nicht zu Ende gegarter Bröckchen.

Die Sylter Austern allerdings waren die fettesten und frischsten der Saison, das selbstgebackene Brot zum Sattessen lecker und die Weinkarte dieselbe wie im Nebenzimmer, also großartig.

Fisch Fietje, Keitum

In Keitum befinden sich die Jagdgründe der Gucci-Indianer. Ihre Nahrung besteht vorwiegend aus Fisch und Bratkartoffeln, welche sie in reichlichen Mengen bei »Fisch Fietje« vorfinden. Darunter ist ein Gasthaus zu verstehen, das den Guccis als Austragungsort ihrer Schaukämpfe dient, bei denen sie ihre perlenbestickten Mokassins und Büffellederjacken tragen. Auch um die richtige Plazierung im ständig vollen Haus dürfte gekämpft werden, denn nur in drei kleinen, gekachelten Stuben wollen die Häuptlinge mit ihren Squaws sitzen, da die anderen Gasträume nicht sonderlich wohnlich sind.

Hier wird nach alter deutscher Sitte gekocht, liest man auf der Speisekarte. Das macht den Historiker neugierig und löst beim Feinschmecker Alarm aus. Aber so schlimm kommt's dann doch nicht. Die Muscheln sind dick und fett wie die Currysahne, in der sie serviert werden. Der Heringssalat ist erfrischend gewürzt, der Labskaus gibt sich zivilisiert, der Räucheraal ist zart und leicht. Als ebenfalls sehr sahnig aber rassig gewürzt erwies sich ein suppiger »Sonntagsfisch«, wie ihn schon Mutti (so nennen sie die Schwester des großen Manitou) gekocht habe.

Derlei Vorspeisen, wozu auch die Austern zählen, versetzen die Eingeborenen mit Recht in eine ausgelassene Stimmung. Die hervorragend sortierte Weinkarte sorgt dafür, daß sie bei den Hauptgerichten nicht abrupt zusammenbricht. Denn die Fische haben eine ungewöhnliche Konsistenz. Sie zerfallen auf der Gabel in kleinste, matschige Teile und hinterlassen auf der Zunge keinerlei Geschmack. Dafür werden die Saucen in die Schlacht geworfen, welche süß und neogotisch-wuchtig sind. Zum Beispiel die gefürchtete Dillsauce zum Aal grün, die eine Petrolfarbe hat, weil der großzügig verwendete Dill nicht frisch, sondern getrocknet ist. Vielleicht war auch brauner Kandis drin.

Die angebliche Senfsauce zum Kabeljau jedenfalls schien davon so viel zu enthalten, daß einem die alte deutsche Sitte in den Sinn kam, bei der auch die Salate von Manitous Schwester mit Zucker angereichert wurden.

Beim Sylter Ziegenkäse und bei der Schokoladenmousse geraten dann nur noch die Historiker in Verzückung wegen der altdeutschen Sitte, die sich hier erhalten hat. Der angemachte Käse, bei dem man alles vergessen muß, was man jemals an einem Ziegenkäse köstlich fand, wird von einem Berg grob gehackter Zwiebeln überschattet, der an jenem Abend die höchste Erhebung auf der flachen Insel gewesen sein dürfte. Die Schokoladenmousse war trocken und griesig und ließ das Altdeutsche in jenem Licht erscheinen, welches von Feinschmeckern immer schon als düster bezeichnet wurde. Sehr freundliche und effiziente Bedienung.

Landhaus Stricker, Tinnum

In diesem hübschen, weißgekalkten Friesenhaus verbirgt sich, was auf Sylt einem gepflegten (»gediegenen« in der lokalen Mundart) Feinschmecker-Restaurant am nächsten kommt. Man sitzt gemütlich unter und neben schwarzem Fachwerk, die Beleuchtung macht Freude, die Tische sind fein eingedeckt und die Freundlichkeit der adretten Kellnerinnen bezähmt auch den wildesten Krieger.

Die Speisekarte enthält aufwendige Menüs, Weine gibt's auch hier in Hülle und Fülle (sie sind teurer als anderswo), und zum Salat wird ein Parfümzerstäuber mit Balsamico-Essig an den Tisch gebracht. Die Wartezeiten – Moment mal: im Parfümzerstäuber? Nun ja, das gehört zu den Sitten und Gebräuchen der Sylt-Indianer – die Wartezeiten also sind lang. Dreieinhalb Stunden ohne Regentanz-Einlage, das dauert.

Das Essen selbst ist ebenso anspruchsvoll wie der Blumenschmuck und der Zigarrenkoffer. Drei verschiedene amuse gueules, der Hummersalat mit Mayonnaise unter der Scheibe Räucherlachs, die safranisierte Sahnesuppe, die Langostinos im buttrigen »Safranspiegel«, das Stück Fisch in einer »Erdnußkruste«, der Hasenrücken, die Ente mit Orangenstücken, das und vieles mehr verrät den Kunstanspruch der Küche. Ist auch alles fast perfekt. Hat aber alles wenig Geschmack.

Außer Salz (wenig) und Safran (viel) scheinen Gewürze bei den Eingeborenen nicht beliebt zu sein. Wenn der Hase nicht nach Hase schmeckt, so kann das an seinem früheren Leben in der Tiefkühltruhe liegen; die Fadheit der saftigen Ente an ihrer Rasse, und bei der Seezunge möglicherweise am Stand der Gezeiten. Doch die Kunst des Kochens besteht darin, solche Handicaps mit Pfeffer, Zitrone, Wacholder, Ingwer, Salbei etc. zu überlisten.

Das, leider, wird im Landhaus Stricker nicht versucht – abgesehen von den Süßspeisen, bei denen sie mit Zucker gutmachen, was sie beim Pfeffer versäumt haben. Und auf dem Käseteller liegen vier halbe Erdbeeren, über deren Bedeutung die Ethnologen noch rätseln.

* * *

Die Wertschätzung vieler Restaurants auf der Insel Sylt durch die Gäste hat sehr wenig mit der Leistung der jeweiligen Küche zu tun; die Prominentendichte eines Lokals wird von Sylt-Indianern allemal höher geschätzt als die Frische eines Dorschfilets. Vor dreißig Jahren genügte es, daß Werner Höfer ab und zu im »Gogärtchen« besichtigt werden konnte, um dieser Café-Bar einen Ruf zu verschaffen, der noch im letzten niederbayerischen Weiler zu vernehmen war. Heute heißen Mattscheibenprominente anders. Aber immer noch sind sie es, die ein Restaurant populär machen. Für ehrgeizige Köche muß Sylt frustrierend sein.

Franz Ganser, Westerland

Auch »Franz Ganser« hat seine Prominenz, obwohl das kleine Restaurant nicht danach aussieht. Es trägt den Zusatz »Bistro« und kann sich nicht entscheiden, was es nun ist. Die Tische sind fein eingedeckt mit kunstvoll gefalteten Servietten und der unvermeidlichen Stimmungskerze; der Tresen dagegen ist rustikal wie die Saucen und die leckere Kartoffelsuppe; die Preise wiederum tendieren zur höheren Klasse, worauf auch der Parfümzerstäuber hinweist, der hier Schnaps enthält.

Gekocht wird unverwechselbar regional, worunter der verschwenderische Einsatz von dicker Sahne zu verstehen ist, sowie zum dunklen Brot gestellte Schmalztöpfe und Speck im Gemüse. Diese Vorliebe der Eingeborenen für Derartiges erklärt sich durch das Sylter Klima, welches ja auch die Möwen zwingt, sich ein schützendes Fettpolster zuzulegen.

Daß einer der Inselköche auf die Idee käme, den aufgetauten Fisch einmal mit Olivenöl zu servieren, scheint mir unwahrscheinlich; eher nähmen sie wohl Lebertran. Bei »Franz Ganser« machten ein elegantes Rotkraut und die feinen Süßspeisen (die Mousse au Chocolat!) eine erfreuliche Ausnahme und schwächten die Erinnerung an trockenes Rinderfilet und die »kreative« Sesamkruste um den Steinbutt gnädig ab.

Sansibar, Rantum

Mit »Sansibar« bezeichnen Einheimische ein Stück Strand bei Rantum, so wie auch bei Saint-Tropez ein Sandstreifen »Tahiti Plage« getauft ist. Die Endsilbe »-bar« ist also kein Hinweis auf die Trinksitten der Sylt-Indianer, obwohl diesen eine Extraseite in jeder Enzyklopädie gebührte.

»Sansibar« ist theoretisch ein Gastronomiebetrieb in den Dünen; in der Praxis eine Bretterbude, die man als Niedrigwasser-Äquivalent der Skiliftstationen

oberhalb von Sankt-Moritz bezeichnen könnte. Auch die Klientel ähnelt sich verblüffend: Freizeitlook bis zur Maskierung ist *de rigueur* hier wie dort; die Bereitschaft, für eine Flasche feinen Rotwein sechs- bis achthundert Mark auszugeben, eint sie ebenfalls. Ich würde mich nicht wundern, wenn es dieselben Braungebrannten wären, die sich dort den Kaviar mit der Suppenkelle servieren lassen und hier zum Milchreis einen *Château d'Yquem* verkasematuckeln.

Darüber hinaus erweist sich »Sansibar« als ein hochprofessionell geführtes Designer-Chaos in Hörweite der Nordsee, wo sich Hunde wütend ineinander verbeißen, und Kleinkinder angesichts der grauen Brandung künftige Alpträume speichern. Hier herrscht die Intimität einer Autobahnraststätte zur Ferienzeit, und dennoch bin ich vom blanken Tisch aufgestanden mit dem Gefühl, um keine Minute und keine Mark betrogen worden zu sein.

Wenn ich als erstes die Weinkarte erwähnte, so deshalb, weil sie einmalig ist; umfangreicher und kenntnisreicher zusammengestellt als die der meisten Gourmet-Lokale. Im »Sansibar« würde mittags anders gekocht als abends, heißt es. Doch die Unterschiede sind minimal.

Die weiße Bohnensuppe, die ich mittags aß, würde ich abends vermissen. Natürlich war die Portion viel zu groß – alle Portionen sind hier zu groß – und gewiß hatte sie keine Ähnlichkeit mit den weißen Bohnen der Mittelmeerregion. Aber ihre scharf gewürzte Rustikalität war wie zugeschnitten auf den Sauvignon von Jerman. Der Salat, als serienmäßiges Zubehör serviert, hatte wie immer keine Chance gegen eine Vitamin-C-Tablette.

Dann aber kamen die Fische, die hier möglichst ganz aufgetischt werden, wobei der Eindruck entsteht, sie würden es mit einem Walfisch nicht anders machen. Die Senfsauce schmeckte nach Senf (zugegeben: nach mildem Senf und viel Sahne), die Bratkartoffeln waren dünn, die Karotten fein und endlich einmal gar, und sogar der Sylter Ziegenkäse gefiel, weil er in Olivenöl mit viel frischem Knoblauch mariniert war. Mag der Grill sich auch im »Sansibar« erneut als die ungeeignetste Vorrichtung für die Herstellung von saftigen Fischfilets erweisen, so war doch alles (das Wiener Schnitzel, der im ganzen gebratene Baby-Steinbutt, der dicke Dorsch usw.), was in der turbulenten Atmosphäre an unserem Tisch landete, von bemerkenswerter Solidität.

Ob Kartoffelpuffer mit Apfelmus oder ein halber Hummer in der Fischsuppe, das »Sansibar« bietet ein für die Insel Sylt untypisch vorteilhaftes Preis-Leistungs-Verhältnis. Zudem können Grappa-Liebhaber sich hier zu Tode saufen, ohne zweimal dieselbe Sorte getrunken zu haben. Und bei Westwind knirscht der Sand zwischen den Zähnen. Gibt es Schöneres?

Gogärtchen, Kampen

Das »Gogärtchen« ist für die Sylt-Indianer, was der Pueblo in Taos den Navajo-Freaks bedeutet: Ein Wallfahrtsort für Tausende. Innen sitzen, stehen und hocken mehr hübsche Squaws als bei Castell in Paris, und man muß schon an die goldenen Zeiten von Saint-Tropez zurückdenken, um sich einen ähnlichen Prominentenauftrieb vorstellen zu können.

Kein Wunder, daß niemand im integrierten Restaurant die Schäbigkeit der Gläser bemerkt, in die der teure Wein gegossen wird, und es überrascht auch nicht, daß auf der Speisekarte neben den friesischen Sahnesuppen italienische Nudelgerichte zu finden sind (mit Sahnesauce). Auch vom Tonband tönt es italienisch, und zwar aus voller Lunge. Ein Teller mit Antipasti, jene bunten Pilz- und Gemüseteile aus den großen Einmachgläsern, war von eindrucksvoller Fadheit, während an der traditionellen Kartoffelsuppe wieder einmal der üppige Sahneanteil zum Staunen Anlaß gab.

Und nicht nur bei der Suppe. Abgesehen von einer gebratenen Seezunge, war die Sahnelobby bei den Fischgerichten wieder sehr erfolgreich. Und worin schwamm die gekochte Ochsenbrust? Richtig – in mächtiger Meerettichsahne. Sogar die Seezunge bekam ihr Fett ab, das in Form von triefender Butter die gemehlte Haut feucht hielt. Nun ist das »Gogärtchen« ja vor allem eine Bar, so daß an Verdauungsschnäpsen kein Mangel herrscht. Deshalb war der als Dessert ausgewiesene dicke, fette Pfannekuchen nicht....

* * *

An dieser Stelle seines Berichts angekommen, riß unseren Korrespondenten, der sich an einem Tisch vor seinem geliebten Domizil, dem »Hotel Stadt Hamburg«, niedergelassen hatte, eine riesige Sahnewelle mit sich. Er wurde zuletzt gesehen, wie er in einer cremigen Kartoffelsuppe, sich an einen tiefgefrorenen Steinbutt klammernd, auf die Schmalzbrotpyramide zutrieb, die die Sylt-Indianer dem Gott der Bratkartoffeln errichtet haben. Seither fehlt von ihm jede Fettspur.

Wie die Uffizien

Sie sollten Postkarten davon drucken. Sie sollten ihre Markthalle zum Mittelpunkt der Stadtwerbung machen. Wenn es sein muß mit einem Zitat von Goethe. Gewiß, auch die eine oder andere Bank sieht ganz attraktiv aus. Aber was ist das im Vergleich zu diesem Mount Everest an Viktualien? Dieses Realität gewordene Schlaraffenland im Herzen der Stadt Frankfurt, diese sogenannte Kleinmarkthalle, die jeden anderen Markt in Deutschland (und auch anderswo) popelig aussehen läßt, ist ein einmaliges Eldorado der Sinnenlust mit allem, was lecker ist, und was man woanders vergeblich sucht.

In Frankfurt sucht es offenbar niemand. Während sich auf dem Münchener Viktualienmarkt Busladungen von norddeutschen Urlaubern staunend und knipsend drängen; während der halbe Ostblock andächtig an den Konservenpyramiden des KaDeWe vorbei defiliert, sind in der Kleinmarkthalle nur die Frankfurter. Und nicht einmal viele.

Vielleicht liegt es an der Tarnung. Die NATO könnte ihre Raketenbunker nicht erfolgreicher tarnen, als die Frankfurter ihr Kleinod vor den Fremden verstecken. Man muß sich durchfragen, immer wieder, und wenn man davor steht, glaubt man es immer noch nicht. Das soll es sein? Ein Geschäft mit spießigster Damenbekleidung von der Sorte, die man früher

als Kleiderspende den ehrenamtlichen Sammlern in die Hand drückte.
Sein Eingang ist ein Durchgang, aber das merkt man erst, wenn man es riskiert, an den Liebestötern vorbei zu gehen. Dann eine Schwingtür, »Z«, bedeutet wahrscheinlich ›ziehen‹. Man zieht – und ist in einer anderen Welt. Als wäre Magie im Spiel.

So wie Alice durch den Spiegel ging und bei den Schachfiguren landete (später dann bei dem Austern fressenden Walroß und dem Zimmermann), so steht man unvermittelt vor einem Himalaya aus Obst und Gemüse; aus Früchten, Salaten, Kräutern, Pilzen, Beeren, Gewürzen; man ist umringt von Dingen, die eßbar sind, von den Bausteinen der Feinschmeckerei. Das ist nicht ausgelegt, sondern aufgetürmt, das bietet sich nicht zögernd und bescheiden an, sondern drängt sich auf, drängt sich vor, setzt sich in Szene.

Wer da zweifelte, daß Essen mehr sein könne als Ernährung, wer lediglich dem Hunger nachgab, den Wohlgeschmack der Speisen jedoch mit schlechtem Gewissen registrierte – hier erlebt er sein Damaskus.

In der Kleinmarkthalle von Frankfurt wird unmißverständlich klar, daß Genuß orgiastisch sein muß, wenn er seinen Namen verdient. Angesichts der barocken Fülle von mundwässernden Dingen fragt man sich erstaunt, wie es die Nouvelle Cuisine jemals hatte geben können. Haben die Magerköche, die hier einkauften, denn nicht gesehen, was die Natur alles bietet, damit wir uns daran erfreuen? Hat ihnen der Reichtum und die Üppigkeit nicht zu denken gegeben, während sie in ihren Küchen Karotten in Miniaturen und Saucen in Schaum verwandelten? (Diese Frage richtet sich auch an die Pariser Köche, die mit ihren Markthallen ja nicht schlechter bedient waren.)

Andererseits hat das alles nichts mit Breughel zu tun. Bäuerische Freßanfälle und bürgerliche Völlerei werden in der Kleinmarkthalle nicht angeregt. Dazu ist das alles zu ästhetisch dekoriert. Die Standbesitzer wissen sehr wohl, was sie ihrer Ware schuldig sind! Manche müssen einen Farbberater angestellt haben, so kommen einem die eleganten Abstufungen der Farben vor. Vom Tomatenrot über Himbeerrot zum zarten Rot der Erdbeeren scheint nichts zufällig arrangiert zu sein; das Multicolorit der Pfirsiche und Äpfel wird ebenso wirkungsvoll eingesetzt wie die unendlich vielen Variationen des Grün und des Gelb bei den Gemüsen.

Und was für Gemüse das sind, welche Früchte hier angeboten werden! Dieser Markt ist auch ein Schaufenster unseres Wohlstands. Angesichts der Überfülle des Angebots schwinden automatisch die Bedenken, die man gegenüber Spargel im Herbst und Erdbeeren zu Weihnachten hegt. Der vielbeschworene, natürliche Rhythmus des Jahres auf dem Teller erweist sich angesichts dieser jederzeit verfügbaren Schätze als die Fastenpredigt von Leuten, denen ein solcher Markt nicht zur Verfügung steht. Leider gehöre ich zu ihnen.

Zweifellos sind Obst und Gemüse der spektakulärste Teil der Frankfurter Markthalle. Aber wirklich sensationell ist das Angebot der Metzger. Ich meine nicht die, welche auf der rechten Seite eine lange Reihe von Ständen haben, wo sie die ganze Pracht der Schweine- und Rinderzüchter zur Schau stellen. Für die meisten Zeitgenossen sind diese Schlangen von Würsten und die Schinken, Schenkel und Rücken unserer Rinder und Sauen, ihre Rippen, Bäuche, Schwänze und Füße zweifellos Objekte ihrer kulinarischen Sehnsüchte. Ich bin da wohl etwas aus der Art geschlagen.

Deshalb gehe ich die Treppe hinauf in den ersten Stock. UND DORT IST ALLES, was ich immer su-

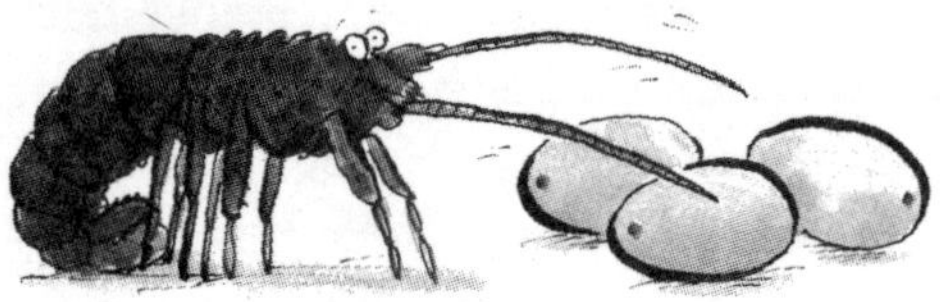

che und selten finde: Bresse-Hühner, Lammzungen, Lammhirn, Kutteln von drei verschiedenen Tieren, Hammelfleisch, Tauben, Wildkaninchen und dies und das und dieses und jenes. Es ist wie im Traum. Der muß einen starken Charakter haben, der mit einem festen Einkaufszettel hierher gerät und sich daran hält!

Wie benommen gehe ich an den Ständen der türkischen und libanesischen Metzger vorbei, an den italienischen Spezialitäten, oben ebenso zu finden wie unten, wo weder der gepreßte Thunfischrogen fehlt noch die Eselsalami; die Hundertschaft der Käse, die Bauernbrote, die Hülsenfrüchte am Stand des Herrn Frank, der japanische Stand, spanischer Schinken, Weine aus aller Welt – mir knicken die Beine ein – unten im Souterrain schwimmen freitags und samstags alle denkbaren Süßwasserfische in ihren Aquarien, oben warten Calamar und Seezungen auf mich, jetzt wäre Gelegenheit alles für den Kuskus zu kaufen, oder den fertigen Kuskus, die fertigen Salate von Meeresfrüchten, eingelegte Ziegenkäse, Büffelkäse, den Odenwälder Handkäse...

Es ist zuviel. Ich verlasse die Frankfurter Kleinmarkthalle wie ich die Uffizien verlasse. Erschöpft und mit leeren Händen. Aber im Kopf Bilder, die nie vergehen.

Frankfurt

Was weiß der kulinarisch Interessierte von Frankfurt? Wenig, fürchte ich. Die weißen Türme der Banken, der rote Dany im Stadtrat, die schwarz-weiß-rote Tageszeitung mit der Tiefdruckbeilage – diese Bilder hat er im Kopf. Und die Grüne Sauce. Sie besteht aus sieben verschiedenen frischen Kräutern (Dill gehört nicht dazu!) und wird kalt zu gekochtem Fleisch gegessen. Ich habe sie in einer Touristenkneipe am Römerberg gegessen und fand sie sehr erfrischend, von feinem Aroma und angenehm leicht. Sie ist so populär, daß die Kräutermischung fertig abgepackt verkauft wird. In allen Geschäften und natürlich auch in der Kleinmarkthalle.

Erno's Bistro

Wenn das Kennzeichen eines Bistros das Dekor der Pariser Markthallenkneipen ist, wo Billigmenüs und Schnellabfertigung erwartet werden können, dann ist Erno's Bistro mit dem falschen Apostroph alles andere als ein Bistro. Das Dekor, seit Jahrzehnten unverändert – leere Flaschen stehen aufgereiht an den Wänden entlang, flauschige Tischdecken wecken Erinnerungen an die fünfziger Jahre –, hat wenig mit Paris, um so mehr mit Lütgendortmund zu tun.

Mittags gibt es zwar ein preiswertes Menü, abends verdoppelt sich sein Preis jedoch, und à la carte, wo es interessanter zugeht, werden für Hauptgerichte fast fünfzig Mark verlangt. Und schnell geht in den beiden kleinen Räumen schon gar nichts. Man wartet wie im Gourmet-Tempel, nur ohne amuse gueule. Wenn man dann endlich nach langer Zeit vom Tisch aufsteht, kann man jedoch nicht umhin, sich auf den Bauch zu schlagen: War mal wieder lecker!

Ja, es schmeckt sehr gut, was sie hier im Westend kochen. Nicht nur gut, sondern hervorragend. Zu bemeckern hatte ich lediglich eine Lammsülze, weil sie direkt aus dem Kühlschrank kam und deshalb keinen Geschmack hatte. Daneben lag jedoch eine warme, appetitanregend gewürzte Ratatouille (diese Schwachstelle aller Abschmecker!). Ebenfalls hocherfreulich das gebratene Kalbsbries mit beigelegtem Blätterteigkissen. Dieses war nicht gerade notwendig, es sei denn als Demonstration, welch erstklassigen Blätterteig sie hier machen können.

Höhepunkt unter den Vorspeisen war ein *Cassolette* von Meeresfrüchten mit Kartoffelnocken. Da war jedes Detail perfekt und alles zusammen so abgeschmeckt, daß man sich nun endgültig im Gourmet-Tempel wähnte.

Nicht weniger gelungen die Hauptgerichte. Die Fische hätten nicht besser sein können: köstlich frisch und auf den Punkt gegart. Zum gespickten Zander (jawohl, Hecht und Zander darf man ruhig spicken, das wußten schon unsere Altvorderen) gab es säuerliche Schnibbelbohnen, der Schrecken meiner westfälischen Kindheit. Ach, hätte meine Mutter sie doch so gekocht wie die Köche von Erno's Bistro! Ebenfalls perfekt der Steinbutt in der Folie und die unter ihm liegenden roten Currylinsen. Lediglich die Zusammenstellung halte ich für mißglückt, weil die herrlich scharfen Linsen dem zarten Fisch die Schau stehlen.

Wäre nicht das eingemachte Entenbein (mit Rotkohl und feinem Maisplätzchen) etwas zu schwarz gebraten gewesen und eine *Tarte Tatin* zu süß, würde ich nicht zögern, von einem hochkulinarischen Mittagessen der Meisterklasse zu schwärmen.

Aber auch so ist das kleine Restaurant ein sicherer Tip für jeden Feinschmecker, der nicht unbedingt in weihrauchgeschwängerter Atmosphäre dem Singsang eines Oberkellners lauschen will. Sehr schöne Weinkarte mit allerdings ausschließlich französischen Weinen. Die aber immerhin zu Preisen, welche man längst für ausgestorben hält.

Weinhaus Brückenkeller

Wie der Name sagt, handelt es sich um ein Kellerlokal. Die Tische stehen auf drei verschiedenen Ebenen, der Keller ist also sehr hoch. An den Wänden Barockmadonnen wie Fledermäuse, und in unserer Ecke müffelte es, wie nur ein feuchter Keller müffelt. Geöffnet ist der Brückenkeller nur abends.

Auch andere anspruchsvolle Restaurants in Frankfurt beschränken ihre Dienstleistung auf das Abendessen. »Middags schaffe mer«, wurde mir von meiner Begleitung erklärt. Die Bankiers wiederum zögen sich für die obligaten Geschäftsessen in ihre geheimnisvollen Kantinen zurück, wo angeblich die besten Köche der Stadt einen bequemen Job haben. Nun ja. Eine

Großstadt, in der die besten Restaurants mittags geschlossen sind, kann so groß nicht sein.

Das Problem für den Brückenkeller ist jedoch nicht die Mittagsaskese der Frankfurter. Sein Problem sind die beiden Michelinsterne. Die besitzt das Restaurant nämlich und muß sich deshalb mit Restaurants vergleichen lassen wie die Residenz in Aschau, die Traube in Grevenbroich, der Cerf in Marlenheim, Stucki in Basel, Arpége in Paris – um nur einige zu nennen. Und den Vergleich verträgt die Kellerküche schlecht. Um es brutal zu sagen: in dieser Kategorie hat sie nichts zu suchen.

Nicht daß wir schlecht gegessen hätten. Manches war fad, gewiß. Doch die Würzschwäche ist unter den Köchen die zur Zeit verbreitetste Krankheit. Aber nicht einmal – immerhin bei sechzehn verschiedenen Gerichten – erlebte ich das wunderbare Glücksgefühl, das sich einstellt, wenn die Zunge große Kochkunst registriert.

Lecker waren eine Aalterrine sowie eine Sauerkrautsuppe, ebenfalls der Borschtsch mit der butterzarten Entenbrust (und den nichtssagenden Piroggen), erlesen das kleine Lammnüßchen mit der banalen Ratatouille. Die geschmorten Ochsenbäckchen würde ich gern noch einmal probieren, auch sonst gab es noch dieses und jenes freudenspendende Detail.

Aber die Fleischsaftsaucen zu den Fischen waren klebrig, worunter auch der Kalbskopf litt; der Pflaumensauce zum (ungewürzten) Hasenrücken fehlte es an Raffinement; die Lachsterrine sah lediglich hübsch aus, die Desserts schmeckten nicht schlecht, waren aber zu einfältig für zwei Sterne. Für einen hätte das alles gereicht. Somit ist es nicht einmal die Unvollkommenheit der Küche, die den Genuß schmälert, sondern die durch ungerechtfertigte Erwartungen ausgelöste Enttäuschung.

Die Weinkarte ist nicht klein, weist aber beklagenswerte Lücken auf; ein Pianist gibt sich Mühe.

Restaurant Français im Frankfurter Hof

Der Frankfurter Hof, Flaggschiff der Steigenberger-Gruppe, hat zwei Restaurants. Die Frankfurter Stubb, eine gepflegte, gutbürgerliche Angelegenheit, und das Français, wo man sich fühlt wie in der Pariser Spitzengastronomie.

Es ist eines der schönsten Restaurants, das ich kenne, großstädtisch-elegant und, obwohl von theatralischer Künstlichkeit, ohne Protz und ohne dekorativen Overkill. (Nur die Tonbandmusike ist, wie immer, eine Zumutung.) So angenehm wie hier sitze ich

sonst nur im Taillevent oder im Connaught. Natürlich ist die Küche nicht so gut wie in dem Pariser Drei-Sterne-Restaurant; aber besser als in London ißt man allemal.

Ich gebe zu, daß ich mich mit einer gewissen Skepsis an den Tisch gesetzt habe. Das noble Ambiente, die hohen Preise sowie der hotelspezifische Ghetto-Charakter locken wie überall auf der Welt konservative Gäste an, die Innereien bestenfalls an ihre Hunde verfüttern und irritiert sind, wenn ihnen ein Fischfilet nicht im Reisrand serviert wird. Oder so ähnlich.

Aber wie die linke Szene sich in ihren Kneipen vorurteilslos der Feinschmeckerei ausliefert, so haben die reichen Daddies offenbar ihre Scheu vor Knoblauch verloren. Denn hier, ausgerechnet hier, fand ich auf einem überaus kunstvoll dekorierten Teller mit einer aufwendig hergerichteten Taubenbrust (mit *Foie gras* gefüllt) eine intakte, gegarte Knoblauchzehe. Doch nicht einmal das wäre erwähnenswert, hätte diese Vorspeise nicht absolut delikat geschmeckt! Und nicht nur die. Buchstäblich jeder Gang bewies ein sicheres Gespür für das, was man unter Feinschmeckerei versteht.

Das *Cassolette* von Hummer und Jakobsmuscheln hatte alle Anzeichen eines Meisterwerks, und die Dorade auf Fenchelgemüse mit Olivenöl war wohlschmeckend und weit entfernt von jener Etepeteteküche, ohne die Luxusrestaurants nicht auszukommen glauben. Gewiß besteht für die Köche des »Français« die Kochkunst nicht nur aus Duft und Geschmack. Hier steht neben der Logik auch die Show am Herd.

Also aufgeschäumte Saucen und Beilagen wie Blumensträuße. Trotzdem hatte ich nicht das Gefühl, mit inhaltslosen Gesten abgespeist zu werden. Was eßbar war, vermittelte Genuß; das Dekorative paßte zur barocken Üppigkeit der nackten Dame im Goldrahmen an der dunkelgrünen Samtwand.

Hervorragende Käseauswahl, fabelhafter Service und ein Weinangebot, auf das die oben gemachte Bemerkung über hohe Preise nicht zutrifft. Da Steigenberger über eine eigene Weinkellerei verfügt, trinkt man hier erstklassige Flaschen billiger als in den Szene-Kneipen.

Da Lauda

Vielleicht ist dies tatsächlich der beste oder zweitbeste Italiener der Stadt, wie ich mir habe sagen lassen. Da heutzutage weder die Tomaten noch der Mozzarella einen erkennbaren Geschmack haben, kann ich das kräftige Aroma des Basilikums gar nicht hoch genug loben.

Man sitzt entweder vor dem Haus in einem glasüberdachten Hof oder in einer modernen Brasserie mit Plastiktischdecken und Papierservietten, sofern man nicht – was ich empfehle – im recht komfortablen Ristorante des ersten Stocks essen will. Der Service ist überall freundlich; das Essen stammt aus derselben Küche. Es ist gut, ja geradezu vortrefflich, wenn man es mit dem Gebotenen in anderen Brasserien, Bistros und Trattorien vergleicht. Sogar das Kaninchen, Schwachpunkt aller Mamma-Küchen, kommt hier nicht trocken auf den Teller, sondern ist saftig und gut gewürzt. Auch die dünne Kalbsleber und die Seezungenfilets erreichten mühelos das Klassenziel, während die Gnocchis etwas glitschig waren, und ein Pilzragout konfektioniert schmeckte, ohne daß jedoch von einem Desaster zu berichten wäre.

Die Desserts allerdings erinnerten mich eher an eine Kantine, und zwar an die der Sparkasse und nicht die des Banco di Roma. Mittelgroße Weinkarte ohne Jahrgangsangaben. Gute Gläser. Die Preise entsprechen der oberen Mittelklasse.

Tiger Palast

heißt ein Unternehmen, in dem die schöne, alte Kunst der Varieté-Artisten am Leben gehalten wird. Dem Varieté ist ein Restaurant angegliedert, wo man besser ißt als in Moskau. Weitere Vorzüge sind mir in dem trostlosen Kellerlokal nicht aufgefallen.

Vinum

ist die Frankfurter Antwort auf die Pfälzer Weinstuben in München. Nur kleiner ist's, und die Weine stammen, wen wunderts, aus dem nahen Rheingau. Ansonsten lärmt es sich in dem sauberen Tonnengewölbe gemütlich, und Kleinigkeiten gegen den Hunger gibt's auch.

Papillon (im Hotel Sheraton, Flughafen)

Als ich das letzte Mal hier war, habe ich vorzüglich gegessen und wurde erstklassig bedient. Das ist viele tausend Jumbostarts her. Jetzt wurde ich wieder erstklassig bedient. Aber das Essen? Ich gebe zu, daß die Rindfleischqualitäten hervorragend waren, ob als Medaillon oder als Rippenstück vom Wagen. Auch die dazu servierten gut gewürzten Saucen waren weder dünn noch klebten sie.

Doch alles andere war bombastisch überdekoriert und gleichzeitig gedankenlos zusammengestellt. Die elende Grilltomate plus Brokkoli und Blumenkohl (alles ohne Geschmack) gehören bestenfalls in ein amerikanisches Motel. Hier, wo der Anspruch nicht nur bei den hohen Preisen sichtbar wird, sondern auch bei den weiße Handschuhen des Personals, darf ein modischer Grünkernauflauf nicht hart und trocken sein. Hier wirken die tournierten und gefächerten Gemüsepartikel ebenso lächerlich wie die unbeholfen gewürzten Fischsaucen und die absurd blauen Kartoffelwürfel neben der grünen Sauce zum Wachtelei mit Kaviar. Schwachsinn! Die Weinkarte ist groß, die Auswahl aber eher zufällig; die Gläser sind für das luxuriöse Ambiente nicht gut genug.

Bistro 77

Diesem französischen Restaurant sieht man die blau-weiß-rote Herkunft nicht an (obwohl der Besitzer Elsässer ist). Ein offenbar in Los Angeles zur Schule gegangener Innenarchitekt hat hier ein arabisches Bad mit einem Neon-Diner gekreuzt und sich darüber hinaus auf das Talent der Küche verlassen.

Das ist denn auch nicht von Pappe. Die Karte ist kurz und kokettiert mit den Gerichten der Bistroküche: Kalbskopf, Kaninchen, Apfeltorte. Aber erstens ist all das nicht so billig wie im Bistro, und zweitens viel besser. Die *Foie gras* kann sich mit den Spitzenprodukten in besternten Häusern messen; der Kalbskopf (hauchdünn geschnitten, köstliches Aroma) hat etwas von einem kulinarischen Meisterwerk. Auch die Fische, ob in Butter oder Olivenöl, ob mit Kartoffelpüree (*St.-Pierre* mit Trüffel) oder mit Kartoffelschuppen verziert (Zander auf Linsen), gehören zu den Dingen, von denen wir sagen, sie gefallen uns sehr. Lediglich die Kaninchenkeule in Rotwein rechtfertigte das Adjektiv beinhart.

Die Desserts strotzten nicht gerade vor Originalität, waren aber immer noch angemessen lecker. Wieso bei den keineswegs hohen Weinpreisen die Rechnung für vier Personen dann doch mehr als 700 Mark betrug, gehört zu den Geheimnissen der Frankfurter Gastronomie, wo die Bistros Feinschmecker-Restaurants sind, und das, was sich so nennt, in den Keller geht.

Gargantua

Im nachhinein betrachtet hätte man darauf wetten können, daß Klaus Trebes mit seinem Umzug vom kleinen Gargantua I ins etwas größere Gargantua II sich endgültig als Frankfurts beliebtester Wirt in Frankfurts sympathischstem Bistro etablieren würde. Was dieser Amateuer (Liebhaber) aus einem Raum, einer Terrasse und einer Küche macht, ist fabelhaft und so einfach, daß ich mich frage, wieso andere Wirte das nicht können.

Für Trebes ist das Gerede von der Rezession dummes Zeug. Seine Gäste (überwiegend FAZ- und ZEIT-Leser) sind glücklich, ein neues Stammlokal zu haben, und ewig duften die Trüffel. Letztere sind zwar das Lieblingsgemüse des Hausherrn, das er immer einsetzt, wo und wann es möglich ist; aber die Küche des »Gargantua« ist alles andere als hochgestochen. Sie ist schlicht. Sie ist sympathisch. Hochkulinarisch nur in ihren besten Momenten, vermeidet sie alles, was an die Goldschmiedekunst der Nouvelle Cuisine erinnern könnte.

Also gibt es Kutteln und Kalbskopf, Zander auf Speckbohnen und Kartoffelpüree zum Rehbock. Weil aber die Welt des Klaus Trebes nicht nur aus Kartoffelpuffern besteht, fügt er diesen Lachstartar und Kaviar hinzu, legt er Hummer zu den Pfifferlingen und leistet sich auch schon mal einen Ausflug ins Exotische: schwarzer Thunfisch mit japanischem Rettich, eine erfrischend scharfe Vorspeise; oder eine indianische Muschelsuppe und was er sonst mitbringt an Ideen von seinen Reisen. Ganz nach meinem Geschmack bereitet Trebes Seewolf und Dorade zu: Als Bei- und Unterlage dienen Kartoffel- und Tomatenwürfel, welche großzügig mit feinem Olivenöl begossen werden – ein richtiger Schmackofatz!

Wenn andere Gericht weniger auffallen, weil sie der Normalität eines Kleinrestaurants entsprechen, und wenn die *al dente*-Ideologie hier unpassenderweise auch auf grüne und weiße Bohnen, auf braune Linsen und den Risotto ausgedehnt wird, so bleibt doch die erfreuliche Bilanz, daß Frankfurt mit dem »Gargantua« ein Bistro besitzt, um das man die Stadt beneiden kann.

Über Köln

Wenn man bedenkt, wie lange sie gebraucht haben, bis sie ihren Dom fertig hatten, nämlich über sechshundert Jahre, so ist es geradezu verblüffend, in welch kurzer Zeit sich in Köln eine Handvoll Feinschmecker-Restaurants entwickeln konnte. Noch in den sechziger Jahren beherrschten kulinarische Ketzer die lokale Gastronomie. Dann aber haben sie sich, wie in anderen deutschen Städten auch, zum alleinseligmachenden Glauben an die Gänseleber bekehrt.

Köln hatte neben München immer einen Spitzenplatz auf der gastronomischen Werteskala, was allerdings mangels einer glitzernden Schickimicki-Szene nie Schlagzeilen machte. Daß die Einkaufsmöglichkeiten für anspruchsvolle Köche hervorragend sind, ist heute in Großstädten normal. In Köln kommt ein erweitertes Angebot durch türkische Händler hinzu, wie überhaupt der Einfluß der Fremden – seit den Zeiten der Römer eine Tradition am Rhein – sich segensreich auf Vielfalt und Preise der Nahrungsmittel auswirkt.

Dennoch: Wollte man der geballten Urteilskraft von Guide Michelin und Gault Millau trauen, wäre es mit dem kulinarischen Niveau der Restaurants und Gasthäuser – verglichen mit München oder Hamburg – nicht weit her. Der »Goldene Pflug«, vor Jahren sogar mit 3 Sternen dekoriert, hat sich ganz aus der Bewertung zurückgezogen, da er auf einen einzigen Stern herabgestuft werden sollte. Darüber hinaus noch dieses und jenes Etablissement mit Ambitionen – sollte das alles sein? Eine Stadt, in der ein so vorzügliches Kleinrestaurant wie das türkische »Bisim« existiert, müßte doch auch andere erwähnenswerte Adressen aufweisen, oder?

Der Goldene Pflug

Vom Neumarkt mit der Straßenbahn in fünfzehn Minuten zu erreichen, mit dem Taxi in der gleichen Zeit für 28 Mark, präsentiert sich das Restaurant im unauffälligen Vorort Merheim von außen wie eine Ruhrgebietsgaststätte der bürgerlichen Art. Drinnen gerät der Besucher in eine Zeitmaschine, die ihn in die späten fünfziger Jahre entführt. So sahen damals die Lokale aus, wo Seezungenröllchen im Reisrand und das Filetgulasch Stroganoff als gastronomische Heldentaten galten. Also Kitsch, aus heutiger Sicht.

Viel zu viel Gold; Tüllgardinen und lüsterhafte Lampen überall. Sowas kann im Zeitalter des High-Tech-Designs schon wieder nostalgisch sein. Die New Yorker Zeitgeist-Analytikerin Susan Sontag prägte dafür das Wort ›Camp‹.

Der Gourmet von heute interessiert sich wohl eher dafür, wie gut er hier essen kann und was es kostet. Mittags hat er die Möglichkeit, bei einem dreigängigen Menü plus Wein mit knapp 100 Mark davonzukommen; da hatte Herr Robertz, der unlängst verstorbene Patron, den Trend erkannt. Abends nimmt er es dann von den Lebendigen, wie er es in seiner rheinischen Munterkeit formuliert haben würde. Da kostet ein Hauptgericht dann schnell 75 Mark, und wer 99 Mark für Trüffel- oder Hummergerichte ausgeben will, der ist hier an der richtigen Adresse. Merkwürdigerweise wirkt das im »Goldenen Pflug« fast normal.

Denn Herbert Schönberner in der Küche kocht souverän. Bei ihm wird man nicht durch blödsinnige Dekorationen abgelenkt, also kein Lollo Rosso, keine einsamen Schnittlauchfäden. Er weiß, daß Salz und Pfeffer letzten Ende wichtiger sind als die protzige Herkunft eines Produkts. Natürlich gibt's im »Goldenen Pflug« schon mal Kaviar auf den Nudeln im *amuse gueule*-Tellerchen; auch spielt Hummer in seiner Küche eine größere Rolle als Innereien. Die *Foie gras* ist ihm lieb und teuer, und seine von Senderens übernommene Methode, eine Scheibe Gänseleber im Wirsingblatt zu pochieren oder sie mit einer köstlichen Linsencrème zu servieren, sind Versuchungen, denen ein Feinschmecker nur schlecht widerstehen kann.

Das, und alles andere, ist ziemlich perfekt und garantiert Geschmack. Lediglich die Desserts fand ich einfallslos: zu viele Moussen und zu wenig Handfestes, wozu ein Dessertwein gepaßt hätte.

Schließlich ist auch die Weinkarte enttäuschend für jemanden, der von der stürmischen Qualitätssteigerung der deutschen Weißweine gehört hat und sie in einem so anspruchsvollen Restaurant überprüfen möchte. Insgesamt gehört der »Goldene Pflug« trotz Goldtapeten und Gummibäumen zu den besseren deutschen Feinschmecker-Adressen, wo der Gast sich, anders als in den engen Glitzerkammern der Etepetete-Klasse, ungezwungen und wohltuend normal dem guten Leben, dem besseren Essen widmen kann.

»Graugans« im Hyatt Regency Hotel

Dieser Ableger des amerikanischen Hotelimperiums mit den Wasserspielen in der riesigen Eingangshalle und den edlen Materialien überall macht keinen Hehl aus seinem Anspruch, Luxus zu bieten. Der Aufgang zur »Graugans« über eine breite, freischwebende Treppe stimmt erwartungsfroh, und wenn er das relativ kleine Restaurant betritt, spürt der Gast, daß ihn erlesene Gastlichkeit auf hohem Niveau erwartet. Viel moderne Kunst an den Wänden aus schönen, rotbraunen Hölzern, von den Fenstern eine imponierende Aussicht über den Rhein zum Dom – die »Graugans« ist ganz und gar nicht grau.

Grau scheint lediglich das rote Fleisch, das man später auf seinem Teller haben wird, aber das liegt an der Beleuchtung, die, wie könnte es anders sein, dem Irrglauben moderner Innenarchitekten zufolge keine Beleuchtung sondern eher eine Bedunkelung ist. Nach meinen Beobachtungen war es abends nur an zwei von vierzehn Tischen möglich, die Farbe eines Weißweins zu erkennen. Doch die Stühle – kleine Sessel – sind bequem, und ein Blick in die Speisekarte ist vielversprechend: Nicht groß, aber was sie anbietet, liest sich gut, da fast jedes Gericht auf irgendeine Weise einen asiatischen Einfluß verspricht: Rehnüßchen mit asiatischen Gewürzen, Frühlingsrolle mit Kaninchenbrust, Teigtaschen mit Ingwerparfait usw. Die Preise, auch die der Weine, sind akzeptabel, der Service ist bemüht und freundlich. Eine Oase gepflegter Gastlichkeit, ohne Frage.

Das Brot taugt allerdings nicht viel, doch das *amuse gueule* wird bald gebracht. Als Sashimi vom Lachs mit Kräuterschaum wird es angekündigt. Ja, es ist ein rohes Stückchen Lachs, daneben liegen die aus der japanischen Küche bekannten Rettichjuliennes, sowie ein weißer Klacks. Verblüfft registriere ich, daß ich nichts schmecke. Rein gar nichts. Keine Schärfe, keine Süße, nichts Saures und kein Salz. Ein Symbol des Nichtgeschmacks. Es folgen die eingebackenen Kaninchenfilets sowie ein Lachstartar mit Wasibi und Garnelenfrühlingsrolle, darauf der asiatisch gewürzte Rehrücken ›an‹ Mirinsauce, die Kalbfleischtaschen und der gebackene Ingwereiskrapfen – und alles hat nicht den geringsten Geschmack!

Sie müssen dort einen Entwürzer unter den Köchen haben, einen Zauberer, der noch die geringste Anstrengung seiner Kollegen, den Speisen so etwas wie ein Aroma mitzugeben, auf der Stelle zunichte macht. Vielleicht ist er auch dafür zuständig, das Kaninchenfilet strohtrocken zu zaubern und den Rehnüßchen jede Spur von Saftigkeit auszutreiben. Ein Perfektionist, der sogar noch den 1981er Château Montrose auf dem Weg vom Keller an unseren Tisch auf über zwanzig Grad erwärmt. Insgesamt eine staunenswerte Leistung, die mit dazu beitrug, daß wir das Hyatt Regency beschwingten Schrittes verließen, weil wir in unserer Unterkunft noch einen Rest vom Reiseproviant wußten: ein Butterbrot mit einem rassigen *Gruyère.*

Le Moissonnier

Ein kleines, scheinbar anspruchsloses Lokal, ein Bistro, aber ein Juwel! Eingebettet zwischen türkischen und anderen halbexotischen Imbißstuben, erwartet der unvorbereitete Flaneur in der Krefelder Straße kaum mehr als eine Bistroküche à la mode. Also eine kokette Nichtigkeit mit französischem Akzent, Beaujolais nouveau und die übliche Kochwurst mit laschem Salat.

Der Eintritt beschert die erste Überraschung. Jugendstil an der Grenze zum Art Deco, nichts glitzert, nichts scheint restauriert. Dennoch ist das Ganze nicht älter als sechs Jahre. Sogar in Paris gibt es nur wenige Bistros mit einem derart authentischen Dekor und diesem anheimelnden Ambiente. Eine gelungene Imitation bedeutet jedoch nichts, wenn dahinter nicht auch eine intelligente Energie steckte, die das gefällige Dekor mit verfeinertem Essen zu verbinden verstünde. Das ist dem Lothringer Vincent Moissonnier bravourös gelungen!

In der Küche, sagt er stolz, arbeitet eine ehrgeizige Brigade, und die Weinkarte liegt ihm nicht weniger am Herzen als die der Speisen. Diese Weinkarte allein ist sensationell. Sie ersetzt lange Reisen durch Frankreichs unbekannte Weinbaugebiete und verschafft dem Gast, so er neugierig ist, Kenntnisse über exzellente Weine, von denen er bisher kaum gehört haben dürfte. Er muß nicht einmal eine ganze Flasche bestellen: fast alle Weine kann er glasweise verkosten (zwischen 6 und 15 Mark). Was der junge Moissonnier allein in Südwestfrankreich aufgetrieben hat, ist schier unglaublich.

Und dann die Küche. Die Speisekarte verhält sich zu denen der meisten Pariser Bistros wie ein Lorbeerkranz zu einem Löwenzahn. Hat man die bestellten Vor- und Hauptspeisen auf dem Teller, mag man kaum noch staunen. Unter dem Signum des Bistros (große Portionen, kräftige Würzung) wird hier eine Küche produziert, die das Bürgerliche nicht leugnet, sich darüber hinaus jedoch auf ein Niveau erhebt, das normalerweise von Gourmet-Tempeln besetzt wird.

Vor den angestrichenen Wänden auf den roten Kunstlederbänken sitze ich wie in einem Pariser Bistro; aber ein Kleinrestaurant, wo das scheinbar Schlichte so raffiniert zubereitet wird, ist dort genauso selten wie hier. Alle Gerichte zeugen von großer Professionalität, nichts ist mißglückt; Banalität, in dieser Kategorie eher normal, habe ich nicht erlebt.

Vielleicht sollte besonders der Patissier erwähnt werden; viele renommierte Restaurants könnten ihre Puddingkocher bei diesem Teufelskerl mit Gewinn Nachhilfestunden nehmen lassen.

Letzten Endes ist es die erstaunlich hohe Durchschnittsqualität, die »Le Moissonnier« zu einem Restaurant macht, das in Deutschland Seltenheitswert hat. Wohnte ich in Köln, würde ich mir hier meinen täglichen Mittagstisch reservieren.

Rino Cassati

Kölns populärster Italiener hat nur abends geöffnet. Dann aber ist er ausgebucht, und man sieht es den festlich gestimmten Gästen an, daß sie das glitzernde, grau und rosa dekorierte Restaurant mit großen Erwartungen betreten. Zwar sind die Tische etwas klein, die Stühle etwas unbequem, und im neuen Ferienhaus der Leute am Nebentisch kennt man sich beim Dessert bestens aus. Dafür ist der Service von herzerwärmender Freundlichkeit, und auch der Patron und Küchenchef verbreitet die beruhigende Gewißheit, bei ihm gut aufgehoben zu sein.

Das versprechen auch die großen Degustationsmenüs und die à la carte-Gerichte, Nudeln oder Foie gras – bei Rino Cassati sind nicht nur die Gläser und Bestecke vom Feinsten (WMF), auch die Speisekarte läßt erkennen, daß wir uns hier nicht in einer Trattoria mit Bastflaschen-Romantik befinden, sondern in einem Gourmet-Restaurant.

Als amuse gueule ein Teller Karottensuppe, das ist ungewöhnlich; sie war sehr sahnig und lecker. Nach einem solchen Auftakt lehnt man sich beruhigt zurück und wartet hoffnungsfroh auf das, was folgt. Leider hatten sie sich im »Rino Cassati« offenbar den Entwürzer von der »Graugans« ausgeliehen; denn von nun an begann die große Fadheit.

Daß ein Carpaccio mit weißen Trüffeln nicht den geringsten Geschmack besitzt, kommt öfter vor als die Trüffelfreunde eingestehen und ist sogar verständlich, wenn der Parmesan kein Aroma hat und Olivenöl und schwarzer Pfeffer fehlen. Dieselbe Sachlage bei den Nudeln. Wieder sehr sahnig, wieder ohne Pfeffer, und wieder gehörten die feierlich darübergehobelten Trüffel zu jener Sorte, die nur leise duften, auf der Zunge jedoch nicht mehr Geschmack entwickeln als holländische Tomaten. So wunderten wir uns schon nicht mehr, als die silbernen Glocken vom Hauptgang gerissen und Fleischgerichte freigelegt wurden, die man bestenfalls als korrekt bezeichnen könnte, jedoch keinerlei Verfeinerungen erkennen ließen. Kalbsleber ohne Zitrone und sonstige Gewürze gebraten, das geht zur Not als Neue Natürlichkeit durch. Aber dazu eine Scheibe unpassenden, gebratenen Fenchels sowie (blamabel für jede Hymne, die ich auf die italienische Zubereitung von Blattspinat verfaßt habe) eine muffig-dumpfe Portion Spinat, das tut weh.

Die gleiche Beilage zu einer im Ganzen, aber ohne

Fettmantel gebratenen Kalbsniere: eine riesige Portion ohne erkennbare Delikatesse. Ein Kalbskotelett mit einer Walnußkruste, Pilzen und einer Scheibe kräutergrünem Semmelkloß und schwedischen Kronsbeeren war sicherlich konzipiert, um die Kreativität der Küche zu demonstrieren. Aber auch sie reichte nicht aus, die große Beliebtheit dieser Küche zu erklären.

Doch Gott zürnt nicht ewig. Beim Dessert begegneten wir ihm dann endlich, dem Sinn und Zweck eines Festessens – die *Zuppa Inglese* war überaus köstlich.

Zum offenen Kamin

Seinen Namen verdankt dieses Restaurant dem Umstand, daß sich in einer Ecke der beiden ineinander übergehenden Gasträume ein kleiner Kamin befindet, in dem meistens auch ein Feuer brennt. Das wäre normalerweise eine beachtenswerte Einzelheit. Hier jedoch wird die Aufmerksamkeit des Gastes vom Gesamtdekor des Restaurants in Anspruch genommen, und das ist wie ein Tritt auf den Fuß.

Wessen gute Stube dies auch sein mag, es muß ein Mensch mit einer Vorliebe für Tüllgardinen, halbmoderne Grafik, Gummibäume, bodenlange lila Tischdecken, gläserne Öllämpchen und Tonbandgedudel sein: eine konfuse Mischung aus Kaschemme und Kaufhaus-Folklore. Der Gast, der sich ein wenig sprachlos an seinem Platz niederläßt, macht sich auf allerlei gefaßt.

Was er am wenigsten erwartet, geschieht. Er wird freundlich umsorgt und ißt ausgezeichnet. Kommt er mittags, wo er im ersten Raum den Vorteil des Tageslichts genießt, kann er für nur 55 Mark ein viergängiges Menü bestellen, das ihn nicht nur angenehm sättigt, sondern auch die Frage aufwirft, warum andere Gastronomen das nicht können. Dazu, so er nach dem Essen arbeitsfähig sein will, kann er gute Weine glasweise trinken. Die Weinkarte selber bietet viele ausgezeichnete Flaschen zu bescheidenen Preisen.

Zum Auftakt ein amuse gueule von verblüffendem Raffinement: dünne Scheiben Hühnerbrust sind mit *Foie gras* zusammengelegt, dazu rohe, aromatische Champignons, das ist von großer Delikatesse! So kompliziert und so erfreulich geht es weiter: viel Salat mit noch mehr Lachs, kleinen Crevetten und noch einmal Lachs, jetzt kurz gebraten. Oder herrliche Gambas auf einem Berg Selleriestreifen, welche aus der Art geschlagen sind, da sie keinen Geschmack abgeben.

Danach wird die Parallele zur Raumdekoration noch deutlicher: Auf schwarzem Teller ein weißes Kartoffelpüree sowie ein mit Speck umwickeltes Stück Scholle. Wunderbar gewürzt das Ganze und zusammen mit der Senfkörnersauce nichts weniger als große Küche! Überaus kunstvoll wird der Hauptgang zusammengestellt. Ein verkitschtes Kartoffelnest, gefüllt mit Baby-Karotten, *Mange touts* und Brokkoli – Schwamm drüber. Das dünne Kalbfleisch – geschächtet, wie betont wird – ist makellos zart und aromatisch, dazu zwei flache, ausgebackene Stücke vom Kalbskopf, lecker, lecker.

Hervorragend schließlich auch der Lebkuchengratin mit hauchdünnem Lebkuchengebäck. Daß das wieder auf einem schwarzen Teller mit einem unhandlichen Kranz von gesponnenem Zucker und einem (unpassenden) Fruchtsorbet serviert wird, entspricht so ziemlich der Barockmadonna hoch an der Wand hinter der Bar.

Nein, gelassen wird hier nicht gekocht, von Logik ist wenig, von stilistischer Strenge gar nichts zu merken. Aber bei allem Übermaß an Gestaltungsdrang gelingt der Küche das Kunststück, Geschmack ans Essen zu bringen, und das ist heute leider seltener als die gelungene Konstruktion eines von Dali inspirierten Blätterteiggehäuses mit Hummer-Trüffel-Füllung.

Weinhaus im Walfisch

Warum es so heißt, wo doch Walfisch weder auf der Speisekarte steht noch das Bratfett tranig schmeckt, scheint mir so wenig relevant zu sein wie die christliche Geschichte des Kölner Doms, der zunächst, selbstverständlich, ein römischer Tempel war. Auch der über 350 Jahre alte »Walfisch« ist ein Zeuge vergangener Zeiten. In seinem Fall handelt es sich um die gute alte Zeit der Bürger, um die ›altdeutsch‹ genannte Epoche stilistischen Mischmaschs, welche wir heute die Gründerjahre nennen. Sie ist das Symbol deutscher Gemütlichkeit, und ich scheue mich nicht, diese Kombination aus alten Täfelungen und Holztischen, aus knarrendem Parkett und erzbürgerlicher Kneipenatmosphäre für viel behaglicher zu halten, als das glitzernde, verspiegelte und verchromte Zeitgeist-Ambiente der Luxuslokale. Jede Großstadt hat so ein pittoreskes Relikt. In den meisten wird leider nicht gut gekocht.

Das Weinhaus »Zum Walfisch« ist ebenfalls kein Feinschmecker-Restaurant. Aber ausgelöst durch einen neuen Pächter, unterstützt durch distinguierte Kellner und immer schon bedeutend wegen einer hervorragenden Weinkarte, gehört dieses Traditionslokal zu den lohnenden Adressen Kölns. Kein Restaurant, sondern Gasthaus, keine Hoch-Küche, sondern Hausmannskost. Aber, potztausend, eine seltene Variante: leicht, voller Geschmack und ursprünglich.

Ursprünglich? Nun ja, römisch ist das nicht, was hier aufgetischt wird. Hat auch keine Ähnlichkeit mit der rheinischen Familienküche, die würde, mit Verlaub, den Bonus der gemütlichen Atmosphäre zunichte machen. Natürlich gibt's hier keine Trüffelgerichte; im »Walfisch« wird nur klug vermieden, was die traditionelle Hausmannskost so undelikat macht: das schlechte Fett, die mehlgedickten Saucen, die Gleichgültigkeit gegenüber Kartoffelsorten, die konfektionierten Würzhilfen und worunter der Mensch sonst leidet, wenn er auf unsere Durchschnittsgastronomie angewiesen ist.

Hier, im »Walfisch« habe ich nicht gelitten. Zwar hat im Feldsalat der Sand geknirscht, aber die Vinaigrette war gut, und ein Currysüppchen, fruchtig-süßlicher Tribut ans Modische, war es nicht minder. Gewiß stand der ›Walfischtopf‹, bestehend aus drei verschiedenen Filets mit Bratkartoffeln und Gemüse, schon vor zwanzig Jahren auf der Karte, aber nie war er so gut. Ein Wildragout ist nie ein leichtes Essen, aber wenn es so aromatisch zubereitet wird, wenn der dazu servierte Semmelknödel so locker und lecker ist wie hier, dann fällt es sogar schwer, die bereitstehende zweite Portion stehen zu lassen. Groß sind sie nämlich immer, die Portionen; auch das gehört zur Tradition und ist insofern vorteilhaft, als es einem satten Esser leichter fällt, auf die Desserts zu verzichten. Diese – matschige Crèmes und nichtssagende Moussen – sind der einzige Schwachpunkt dieser sympathischen Küche in der schönen Weinstube.

Chez Alex

Im Römisch-Germanischen Museum, dieser einzigartigen Sammlung antiker Funde aus dem Kölner Untergrund, gibt es nicht wenige Gläser, denen ein »Kölner Schnörkel« bescheinigt wird. Dabei handelt es sich um eine schmückende blaue Linie, die sich um die ansonsten weißen Gläser rankt.

Dieses Prinzip des stilistisch sinnlosen, aber dekorativen Schnörkels hat sich in der Kölner Gastronomie bis auf den heutigen Tag erhalten. Man könnte es als Mumifizierung dessen bezeichnen, was vor Jahrzehnten von Ästheten als Gelsenkirchener Barock identifiziert wurde. Die bisher beschriebenen Restaurants haben viel davon bewahrt. »Chez Alex« bietet Kölner Schnörkel in Reinkultur.

Plüsch und Pomp, Samt und Seide, Tüll und Tüttelkram – das alles ist in den weitläufigen, hohen Räumen anzutreffen. Das Ganze hat ein bißchen Clubcharakter, aber in dieser Art Club vermutet man keine Feinschmecker. Doch das wäre falsch. Der Service, geleite von der kapriziösen Madame Silberstein, bemüht sich sehr um das Wohlbefinden der Gäste, und die Küche schien mir (an einem Mittag mit wenig Ablenkung durch andere Gäste) durchaus auf der Höhe der Zeit.

Das besagt zunächst, daß es zwei amuse gueule gab, eine Gänselebermousse plus Sauternes und eine Schaumsuppe von irgendeinem Gartenkraut, die, wie alle Schaumsuppen, eigentlich ins Römisch-Germanische Museum gehörte. Sodann gefielen Trüffelravioli wegen ihres starken Trüffelaromas; der Teig der Nudeltaschen hingegen war zu dick. Als Zwischengang probierte ich eine von mir dankbar begrüßte Rarität: Milchkalbkutteln in Champagner-Trüffelsauce. Doch ach, wenn sogar die dicken Trüffelstifte nach nichts schmecken (ja, das passiert auch bei der schwarzen Sorte!) und den Kutteln die belebende Beigabe von Pfeffer und Zitrone nicht zugestanden wird, dann fühlen sich alle Grobschmecker bestätigt, die Kutteln als undelikat verabscheuen.

Später gab es bei den Desserts noch eine zu süße Quittenschaumsauce zum Armen Ritter. Aber das waren auch schon alle Beanstandungen in einem sonst makellosen und wohlschmeckenden Mittagessen für vier Personen, zu dem u.a. gehörte: ein Kalbskopfsalat, bei dem das eingebackene Bries und Hirn allein schon entzückten; ein Hummer auf Schwarzwurzelgemüse von unerwarteter Delikatesse; ein markanter Fasan mit herzhaftem Sauerkraut und – Höhepunkt der Küche des »Chez Alex« – einem unvergeßlichen, mit Trüffelöl parfümierten Kartoffelpüree.

Das alles wurde mehr inszeniert als serviert. Aber da hier alles, auch der verplüschte Pomp, der Idee vom besseren Essen untergeordnet wird, bedarf es nur ein wenig Gelassenheit, um sich hier wohlzufühlen. Akzeptable Weinkarte, gerechtfertigte Preise.

Ambiance am Dom (Hotel Europa)

Selten so eng gesessen, selten so zugelärmt gegessen. Aber außer mir schien sich niemand dran zu stören. Vielleicht machte der Pächter, der Herr Kokje, das mit seiner unermüdlichen Freundlichkeit wett, vielleicht lag's auch am Stühle-Slalom der hübschen Serviererinnen. An der Küche kann es nicht liegen.

Sie ist das Opfer einer Ideologie, derzufolge jeder Teller, der kalte oder lauwarem Fleisch- bzw. Fischstücke enthält, unter einer Lawine von Salat begraben werden muß. Das ist keineswegs eine Spezialität dieses Lokals, es ist eine neudeutsche Sucht. In der Gesundheitshysterie nach den Amerikanern den zweiten Platz besetzend, glauben deutsche Konsumenten immer noch, daß ein Salat, gleich welcher Art, die Gesundheit fördere.

Nichts dergleichen ist der Fall; weil das Grünzeug überall in Europa unter den gleichen künstlichen Bedingungen heranwächst, von den gleichen geklonten Stämmen abgelegt, manchmal bestrahlt, manchmal genetisch verändert, nur noch ein Massenprodukt ist wie ein Benetton-Pullover.

Von dieser Salatsucht ist auch die Küche des »Ambiance am Dom« befallen. Unter vier verschiedenen, wie Luftaufnahmen vom Regenwald aussehenden Salattellern entdecken wir kleine, knusprige Frühlingsröllchen mit Wachtelfleisch; Schnecken in Blätterteig; Spaghettis mit Crevetten und – was war auf dem vierten Teller? Egal. Unterm Salat fast unauffindbar war alles.

Es ist nicht lange her, da hat eine Algenpest die Urlauber von der Adriaküste vertrieben. Ich sehe (und hoffe) den Tag kommen, wo sich kein Feinschmecker mehr von den lausigen Lollo Rosso, Frisée, Eichblatt und anderen Salaten vormachen läßt, daß derartiges Grünzeug zur Großen Küche gehöre.

Im »Ambiance« entgeht man der grünen Hölle nicht. Was man unter ihr auf dem Teller zutage fördert, kann, wie die oben beschriebenen Einzelheiten, ganz lecker sein. Kann. Da jedoch das amuse gueule eine total entwürzte Timbale von der Ochsenbrust war (zerkochte, fade Fleischfasern, kunstvoll in Form gebracht), und da zu den verschiedenen Fleischgerichten unentwegt Brokkoli serviert wird (obwohl in einem Fall ›deutscher Grünkohl‹ versprochen wurde), da schließlich der Ochsenschwanz und ein Fasan in Kartoffelkruste so trocken waren, wie es ein deutscher Riesling nur selten ist, spielte es keine Rolle, daß zwei kleine Seezungen eigentlich gut gebraten waren.

Es ließen sich noch diese und jene Einzelheiten aufführen, um die Liste von falsch verstandener Modernität zu komplettieren. Doch das liest ja niemand. Denn ausgebucht bis auf den letzten Platz ist das schlauchartig schmale, mit Zimmerpalmen vollgestellte Restaurant, wo der Wein in Zylinderhüten gekühlt wird, Tag für Tag. Was bloß treibt die Leute in diese lärmende Gartenlaube? Fragen Sie mich was Leichteres....

Bizim

Nicht weit vom Hauptbahnhof befinden sich die Straßen, wo Türken ihre Geschäfte haben. Erstklassige Metzger, Gemüseläden mit bester Auswahl und Juweliere fallen als erstes ins Auge. Und kleine Restaurants.

Dem »Bizim« haftet nichts Orientalisches an; so sehen in allen Großstädten des Westens moderne Bistros aus: sachlich, sauber und funktionell. Gleich rechts am Eingang eine Theke, in der die kalten Vorspeisen lagern. Ein Blick auf die bunte Auswahl weckt große Erwartungen, die dann auch nicht enttäuscht werden. Die weibliche Bedienung ist überaus freundlich und hilfreich, wenn dem Gast trotz der deutschen Übersetzungen auf der Speisekarte manches unklar bleibt. So scheint es ratsam, sich die Vorspeise mit der Bezeichnung »Der Iman fällt in Ohnmacht« erklären zu lassen. Doch dahinter verbirgt sich ein harmloses Zwiebel-Auberginen-Gericht. Wie überhaupt im »Bizim« nichts Exotisches auf den Teller kommt. Denn hier wird sehr modern gekocht, also leicht und unaufdringlich. Ohnehin ist die türkische Küche eher der italienischen verwandt; Karl May-Leser werden die fetten Hammelschwänze des Hadschi Halef Omar vergebens suchen.

Am ehesten bergen die kalten Vorspeisen, die man auf keinen Fall auslassen sollte, einige Überraschungen. Zum Beispiel die delikate Mousse aus Lachsrogen oder das angenehm scharfe, kalte Paprikagemüse, sowie der Hühnerfleischsalat und das Püree aus Kicherbsen. Die Fleischqualitäten der Hauptgerichte (überwiegend Lamm) sind außergewöhnlich gut und die dazu servierten Saucen leicht, weil hier an Stelle von Sahne viel mit Yoghurt gearbeitet wird.

Letzten Endes aber ist es die Würzung, welche ein Essen im »Bizim« so erfreulich macht. Die halbherzige Fadheit auf den Tellern unserer Jungköche hat bei Enis Akisiks, so heißt der Küchenchef, keine Chance. Alles ist herzerfrischend gewürzt, doch weder deftig noch penetrant. Köstliches Kalbshirn und zarteste Medaillons vom Lamm, letztere in zahlreichen Versionen, lassen erwarten, daß auch die Desserts wiederum von überraschender Delikatesse sind. Dem Mandelpudding und dem Yoghurteis würde ich gern auf den Speisekarten unserer Renommierköche wiederbegegnen.

Die Weinkarte enthält ausschließlich türkische Weine, zum Teil in einer Preiskategorie, für die man schon etwas sehr Gutes erwarten kann. Ich habe mich an die preiswerteren Weine gehalten, die waren nicht überwältigend, entsprachen aber dem Typus Wein, den wir zum Essen zu trinken gewohnt sind.

Da es sich beim »Bizim« nicht um einen orientalische Folklorekneipe handelt, sondern um ein modernes Restaurant mit einer ebenso modernen Küche, finden viele Kölner Geschäftsleute ihren Weg in die Weidengasse. Verständlich; denn wer will nicht gern gut essen, ohne mit prätentiösem Humbug belästigt und von Dilettantismus verärgert zu werden?

Berlin

Damals, um 1970, als alles anfing, als die Bundesdeutschen das Wort ›Gourmet‹ buchstabieren lernten, hatte ausgerechnet Berlin mit dem Franzosen Henry Levy den avantgardistischsten Koch der deutschen Gastronomie. Diese erreichte im Laufe der Jahre ihr heutiges, beachtlich hohes Niveau. Doch Levys »Maître« existierte nicht lange. Sein Versuch, in der Meinekestraße moderne Kochkunst zu praktizieren, scheiterte erwartungsgemäß.

Kulinarisch war Preußens Hauptstadt nie. Von den leberschädigenden Eßgewohnheiten des Alten Fritz bis zu Hitlers unheilschwangerem Vegetarismus kam von dort nichts Appetitanregendes. (Wenn man einmal von der grandiosen Lebensmittelabteilung des KaDeWe absieht.) Das könnte sich jetzt ändern. Der Aufbruch in eine neue Epoche wird dieser Stadt auch die guten Restaurants bringen, ohne die eine Metropole provinziell wäre.

Die Tatsache, daß Berlins Gastronomie überwiegend aus sogenannten Szene-Kneipen besteht, und die drei, vier ambitionierten Betriebe mittags geschlossen haben, ist allerdings kein gutes Omen. Bisher gab es in Berlin lediglich unterschiedlich geglückte Versuche, der deutschen Italiensehnsucht mit Pasta und Chianti entgegenzukommen.

Das war übrigens in der alten Bundesrepublik nicht anders. Auch dort gab es bereits unzählige Balkangrills und Nudelkocher, bevor die ersten Jungköche sich an die Hochküche wagten. Was die angeht, so hat Berlin immerhin eine Adresse, die seit Jahren gelobt und zur deutschen Spitze gezählt wird:

Rockendorf's Restaurant

Mit seinen Edelprodukten, der fabelhaften Weinkarte und den hohen Preisen hätte es auch in München oder Brüssel installiert sein können, von wo denn auch neunzig Prozent der Gäste kommen.

Bei »Rockendorf's« gibt es keine Speisekarte; der Hausherr bietet zwei Menüs an, sonst nichts. Doch man kann, darin ist er großzügig, die Gänge austauschen: Alles ist von hervorragender Qualität und großer Perfektion, leicht und doch aromatisch. Man kann, wie ich, der Meinung sein, daß er mit den ›Variationen von der Gänseleber‹ die Grenze zur Verspieltheit überschreitet. Dem stehen jedoch Dinge gegenüber (Hummer mit schwarzer Olivensauce; ein Irish Stew wie von Tiffany's; makellose Ziegenschulter u.a.), die ihn eindeutig als Berlins Nummer Eins bestätigen. Wer dort sein will, wo der Zeitgeist seine Krallen zeigt, wird sich hier, in der ruhigen, bürgerlichen Villa bei erlesenen Menüs und exzellentem Service fehl am Platz fühlen. Für alle anderen Feinschmecker ist »Rockendorf's Restaurant« eine Oase.

Paris Bar

Die »Paris Bar« ist für Berlin, was »La Coupole« den Parisern bedeutet: Versammlungsort der arrivierten Unbürgerlichkeit. Darüber hinaus gibt es keine Ähnlichkeit. Hier in Berlin sitzen sie in einer kleinen Kneipe mit vielen bunten Bildern an den schmuddeligen Wänden. Zwar verständigen sich die munteren Kellner untereinander auf Französisch, zwar ist auch die Speisekarte in der Sprache Bocuses geschrieben. Aber daß Gastronomie auch etwas mit Eßkultur zu tun haben könnte, diesen Eindruck erwecken nicht einmal die schön gestärkten Leinenservietten. Dies ist das Clublokal der Quasseler und Culturi; in der »Paris Bar« essen sie, weil man in keiner anderen Kneipe zwischen Spargelsalat und Rindergulasch so vielen Prominenten zuwinken kann wie hier. Mit der Küche hat das nichts zu tun, obwohl hier besser gekocht wird, als es die unaufmerksamen Gäste verdienen. Die Austern, welche es fast ganzjährig gibt, sind sogar überdurchschnittlich; allerdings mit 6,50 DM pro Mini-Belon schandbar überteuert.

Exil

Von allen schwarzen Löchern der Berliner Gastronomie ist das »Exil« das finsterste. Der Eindruck, das Lokal sei bis gestern ein Braunkohlenlager gewesen, ist falsch. Das »Exil« ist einer der ältesten Szene-Treffs Berlins. Früher wurde dort allerdings besser gekocht als heute. Was der Wiener Literat Oswald Wiener damals in der Küche produzierte, war eine ehrenwerte Hausmanns-Version der österreichischen Küche. Seitdem hat das »Exil« mehrmals den Besitzer und die Köche gewechselt, und die da heute am Herd hantieren, können bestenfalls einen exilierten Österreicher vom Heimweh kurieren. Die Teller sind ebenso überfüllt wie die Aschenbecher. Gewürzt wird vorsichtshalber nicht, was weder dem kalten Kuttelsalat noch der warmen Gemüseterrine neue Freunde gewinnt. In der Tiefe der *Soßen* (eine andere Schreibweise verbietet sich hier) liegen harte (Rindsgulasch), trockene (Tafelspitz) oder beide Eigenschaften vereinende Fleischtrümmer wie Wracks im Skagerrak. Wer hier gegessen hat und wiederkommt, darf sich als Großmeister der Stadtneurotiker betrachten.

Goldene Gans

Die einzige gastronomische Großtat der DDR war das Grand Hotel an der Ecke Friedrichstraße/Unter den Linden. Dort wollen kritische Zungen unter den Wessies Ostberlins einzig lohnende Futterstelle ausgemacht haben. Es handelt sich um die im ersten Stock des Hotels im Datscha-Stil installierte »Goldene Gans«. Doch was als ›köstlich wie einst bei Großmutter‹ empfohlen wird, ist lediglich Hausmannskost von erbarmungwürdiger Schlichtheit: Thüringer Klöße wie Silikontitten, Gänseweißsauer aus unzerstörbarer Plaste, Grünkohlsuppe aus Armeebeständen – was alles mit Großmutters Küche nur identifiziert werden kann, wenn man sich zu der Erkenntnis durchringt, daß es ja gerade unsere Großmütter waren, die, aus welchen Gründen auch immer, die letzten Reste einer akzeptablen Hausmannskost in die Grauzone der Kochtopfkriminalität gerührt haben.

Immerhin waren in der »Goldenen Gans« noch zwei Flaschen eines Müller-Thurgaus aus dem Weinbaugebiet Meißen vorrätig (leicht, harmlos und also trinkbar), und unter den faden Süßspeisen bewirkte ein ›Thüringer Fleckelkuchen‹ (Streusel, was sonst) die einzige Freude am Tisch. Zu diesem Zeitpunkt waren wir uns längst einig, daß es ratsam gewesen wäre, sich an den frisch gebackenen Kleinsemmeln mit Gänseschmalz und den vorab servierten Mixed Pickles satt zu essen. In schöner Erinnerung blieben der freundliche Service und der Schuhputzautomat auf der Herrentoilette.

Harlekin

Anspruchsvollen Essern, die nicht bis kurz vorm Nachtgebet auf die feine Küche warten mögen, bleiben – abgesehen vom »Rockendorf's Restaurant« – fürs Mittagessen nur die Küchen der großen Hotels. Architektonisch am interessantesten und überhaupt ganz neu und prächtig ist das »Grand Hotel Esplanade« am Lützowufer, dort wo die grüne Wildnis des

Tiergartens beginnt. Das ist weit genug vom Kurfürstendamm entfernt, um gemeine Freizeitmenschen abzuhalten; schlipslose tun gut daran, sich ihre goldene Kreditkarte ans Revers zu heften.

»Harlekin« heißt das Restaurant neben einer riesigen Bar, wo es nachts schon ganz hauptstädtisch zugehen soll. Das »Harlekin« ist groß und luftig, ein bißchen postmodern, ein bißchen japanisch und, wenn man die gläsernen Untertassen über sich zählt, auch ein wenig futuristisch. (Es sind 160 Stück.)

Sehr edel das Ganze, zweifellos. Das ist auch die Küche. Deren Leistung kann man auf zweierlei Art und Weise beurteilen. Die schwarzen Teller, die prätentiös darauf angerichteten Speisen, welche auf weißem Geschirr sicher anders ausgefallen wären; die bunten, aus verschiedenen Gemüsen herausgeschnitzten Romben, das alberne rote Basilikum ohne Geschmack, der fehlende Mut zu einigen Regionalgerichten; die pingelige Sorgfalt beim Dekorieren und die Ängstlichkeit beim Würzen – das alles ließe sich kurzerhand als Etepetete-Küche abtun.

Zwar kommen Brötchen und Baguettes heiß auf den Tisch, aber sie stammen aus der Fabrik; eine aufgeschäumte Spinatsuppe sollte nicht nur Blasen werfen, sondern auch nach Spinat schmecken, so wie Beeren und Früchte wenigstens im Sommer an mehr als an holländische Treibhäuser erinnern sollten. Fischrouladen wiederum sind küchentechnischer Spagat: imponierend aber sinnlos.

All das ist wahr – aber keine Katastrophe. Denn zugegeben sei auch, daß im »Harlekin« sehr professionell gekocht wird; wirkliche Fehler gibt es nicht. Die Saucen sind leicht, die Garzeiten perfekt, und eigentlich bedarf es nur einer kleinen stilistischen Korrektur, um die kulinarischen Schaustücke in handfeste Leckereien zu verwandeln; das Ziel ist zum Greifen nah!

Die Weinkarte ist ausreichend, die besseren Franzosen sind zum Teil grotesk überteuert, aber es gibt auch ausgezeichnete deutsche Weine zu angemessenen Preisen.

Florian

Wer in der »Paris Bar« vergeblich nach einem bekannten Kulturschaffenden Ausschau gehalten hat, findet ihn fünfhundert Meter weiter im »Florian«. Oder sonst jemanden mit offenem Hemd und schicker Begleitung. Also wieder ein Szene-Treff. An Schmucklosigkeit übertrifft »Florian« alle anderen.

Allerdings auch mit dem, was die Küche produziert. Da werden Seezungen gebraten, als wäre das dic einfachste Sache der Welt. Da hat jedes Hauptgericht eine andere Sauce, und alle schmecken anständig, da ist der Kaninchenrücken zart, der Lachs saftig, das Bries mit Pfifferlingen hocherfreulich. Wäre da nicht der mißlungene Versuch, den faden Brokkoli in eine Torte zu verwandeln und ein Teller mit zu kleinen, zu dick panierten und zu lange gebratenen Sardinen, dieses kleine Lokal wäre ein Wunder. Schließlich gibt es auf der kleinen Weinkarte ein paar erstklassige Bocksbeutel, die Kellner sind überaus freundlich, und vor der Bar ist so manches wohlgeformte Damenbein zu bewundern. Geöffnet ist täglich.

Fofi's Estiatorio

Es ist schon sonderbar, daß ausgerechnet ein griechisches Restaurant zum Treffpunkt des eleganten Teils der Berliner Prominenz wurde: »Fofi's Estiatorio«, nur 300 Meter vom Hotel Kempinsky entfernt. Ein Grund ist sicherlich die Wirtin, eben Fofi, deren wohlwollender Händedruck vielen Stammgästen wohl wichtiger ist als die Qualität der Küche.

Aber »Fofi's Estiatorio« ist auch ein besonders hübsches Restaurant, mit vielen modernen Bildern an den Wänden, vernünftiger Raumaufteilung, angenehmer Beleuchtung und einer Kellnerbrigade, die von der Chefin gut dressiert ist. Was sie den Gästen auftischen, ist allerdings unterschiedlich.

Griechische Vorspeisen können fad, amüsant oder lecker sein, und all das sind sie hier auch. Für mehrere Personen empfiehlt sich ein Querschnitt durch das bunte Angebot. Das reicht von nichtssagendem Quark, harmlosen Weinblattrouladen über Salate von weißen Bohnen, Fischrogenbrei und zarten Calamares bis zum köstlichen Feta-Käse im Strudelteig. Auch bei den Hauptgerichten, welche kaum der Folklore zuzuorden sind (wenn man von der schwachen Moussaka, einem traditionellen Auberginenauflauf, absieht), reicht die Skala von mäßig bis zufriedenstellend. Letzteres läßt sich vom Rinderfilet in einer schönen Senfsauce sagen, vom frischen Seeteufel und von der Kalbsleber, während die Scampis wieder einmal die Nachteile der Tiefkühltruhe bewiesen.

Im »Fofi's« muß man bei der Auswahl schon ein bißchen Glück haben, um die Anhänglichkeit der Stammgäste zu verstehen. Nur der Weinfreund drückt hier vergeblich die Daumen, das Angebot ist ärmlich.

Bovril

Am schwersten tun sich, nicht nur in Berlin, die Kleinrestaurants mit der sogenannten Hausmannskost, also das, was man in Paris Bistroküche nennen würde. Was einfach und kräftig sein soll, gerät meistens plump und primitiv. So ist denn auch im »Bovril« die gekochte Ochsenbrust dünn und trocken, doch die Meerettichsahne hat Geschmack. Die gefüllten Champignons haben sogar viel davon, was man ebenfalls den Maultaschen mit Pfifferlingen zugute halten kann; die geeiste Gurkensuppe wiederum ist passabel. In den etwas trüben Räumen im stilreinen Ostblock-Art-Deco wird von hurtigen Kellnern tatsächlich so etwas wie deutsche Küche, Sektion Speckkartoffel, serviert. Nicht die schlechteste Wahl für den hungrigen Flaneur, der bei Saint-Laurent, schräg gegenüber, nichts Passendes gefunden hat.

Frühsamer's Restaurant an der Rehwiese

hat manches mit »Rockendorf's Restaurant« gemeinsam. Beide Futterplätze liegen außerhalb des Stadtzentrums, beide sind in kleinen Privatvillen installiert, und beide Hausherren produzieren eine anspruchsvolle, teure Feinschmeckerküche. Frühsamer allerdings nur abends. Bei Rockendorf geht es professioneller zu, er kocht gradliniger, souveräner. Aber gut schmecken kann ein Gericht auch dann, wenn es auf dem Teller ein wenig turbulent zugeht. Das ist hier der Fall.

Zur Auswahl stehen nur ein Menü sowie einige à la carte-Gerichte. Der Auftakt, ein Eclair, gefüllt mit Lebermousse, später dann zum Brot ein angemachter Quark, das war noch harmlos. Doch die Vorspeisen konnte niemand mehr als alltäglich bezeichnen; sie waren hervorragend: eine sehr aromatische Aalterrine mit feinsten Bratkartoffeln, ein exzellenter halber Hummer auf Steinpilzen, sowie eingemachtes, herrlich zartes Entenfleisch und -herzen im Salat.

Da war der beginnende Unmut über die lange Wartezeit verflogen. Die nächste längere Zwangspause überbrückten wir mit der Probe mehrerer Weine, was bei »Frühsamer's« eine sehr lohnende Beschäftigung ist. Denn der Hausherr bevorzugt deutsche Weine, und auf seiner Karte sind seitenlang alle besseren Winzer vertreten; natürlich auch Italiener und Franzosen. (Merkwürdigerweise werden unzureichende Weinkühler benutzt, auch die Gläser sind nicht ideal.)

Bei den Hauptgerichten gab ein Wildschweinbraten mit Pflaumen erneut Anlaß zu großer Freude; ein Ziegenbraten mit einer blassen Polenta sowie ein unnötigerweise gefülltes Teil vom Huhn waren dagegen nur ordentlich. Bei den Desserts wurde die Turbulenz überdeutlich durch die Anhäufung von bunten Beeren und exotischen Früchten auf den großen Tellern. Ein Parfait oder eine Mousse brauchen solchen dekorativen Kokolores nicht.

Dem sehr intimen Lokal bekäme eine kleine Renovierung nicht schlecht. Gegen die sommerliche Invasion von mückenähnlichen Insekten läßt sich hier, in Berlins Grüngürtel, wohl auch mit frischer Farbe wenig ausrichten; die vorm Haus herumliegenden Fahrräder wären wahrscheinlich müheloser zu beseitigen.

Bamberger Reiter Bistro

Der »Bamberger Reiter« bildet neben »Rockendorf's« die gastronomische Spitze Berlins. Was Franz Raneburger, ein Österreicher, seinen Gästen serviert, ist Große Küche. Dem Trend der Zeit folgend, hat er ein »Bistro« im Nachbarhaus eröffnet. So jedenfalls heißt sein Zweitlokal, und manche Merkmale eines Bistros sind auch festzustellen. Man sitzt auf roten Bänken vor Spiegelwänden, die Tische sind so klein, wie die Weinkarte kurz ist. Dem anspruchsvollen Trinker steht allerdings auch die Weinkarte der benachbarten 1. Klasse zur Verfügung.

Im übrigen handelt es sich um ein Edelbistro, und vor allem das Essen hat wenig Ähnlichkeit mit der Hausmannskost der Pariser Kleinbetriebe. Zwar gibt es scheinbare Deftigkeiten wie ein Risotto aus Graupen, aber im Grunde wird hier ebenso erstklassig gekocht wie nebenan, nur weniger feierlich und preiswerter. Statt Hummer kann man ein mürbes Rindsgulasch mit köstlichen Semmelknödeln essen, oder ein Stück Kalbsbrücken von selten schöner Fleischqualität. Ob Wildterrine, Kürbissuppe oder Seezunge – es ist alles vom Feinsten. Das Menü für 69 DM, perfekt von Anfang bis Ende, dürfte in dieser Preislage bei gleicher Qualität wohl nicht ein zweites Mal existieren. Zwanzig solcher »Bistros« und Berlin wäre aus dem Schneider. Aber Raneburgers gibt es leider nicht an jeder Ecke.

Fioretto

Doris Burneleit ist eine hübsche kochende Dame, die schon im ehemaligen Ostberlin Furore machte, sodann von unseren Medien zur »Köchin des Jahres« gekürt wurde und sich nun in der traditionellen Kneipenmeile in Charlottenburg niedergelassen hat. Sie kocht Italienisch, was sich zunächst an der Weinkarte erkennen läßt, wo deutsche Weine nicht vertreten sind, sowie an der Dominanz von Nudelgerichten (vier verschiedene) und am Dessert, dem Tiramisu. (Es war entgegen der Warnung der Chefin leicht und keineswegs zu süß.)

Ihr neues Lokal ist rosa, kokett verspiegelt und fahl beleuchtet. Es ist auch mittags geöffnet. Dann erwarten den Gast eine reduzierte Speisekarte und kleinere Servietten als abends. Die Nudeln kann man ohne Qualitätseinbußen auch bei anderen Italienern essen, manchmal besser gewürzt. Interessanter ist schon ihr delikater Räucherlachs; höchstbefriedigend der perfekte Zustand, in dem Fleisch (paniertes Kalbsschnitzel) und der gastronomiefreundliche Seeteufel (stinkt nicht, zerfällt nicht, ist grätenlos und nicht teuer) serviert werden.

Bis es dazu kommt, braucht der Gast allerdings viel Geduld. Auf der handgeschriebenen Speisekarte reklamiert die Chefin längere Wartezeiten als unvermeidlich für eine *à la minute* Küche, was mir in der Spitzengastronomie noch nicht aufgefallen war. Bei der blonden Doris schaffen es vier Gäste deshalb leicht, bis zum ersten Gang zwei Flaschen Chardonnay von Ca' del Bosco zu leeren. (Pro Flasche 149 DM).

Zum mittelmäßigen Brot gibt es keine Butter; Fleisch und Fisch liegen auch schon mal auf oder neben großen Salatblättern; Spargel wird al dente gekocht. Aber wer der sympathischen Hausherrin begegnet, wird über derartige Schwächen hinwegsehen und in ihrem rosa Palazzo ein Glas rosa Champagner auf ihr Wohl trinken.

Lutter & Wegner

Zu »Lutter & Wegner« geht man, weil das an E.T.A. Hoffmann erinnert, an eine Havelock-Boheme, die sich an Punsch besoff. Dabei ist dies nur eine Replika; das Original stand in einem anderen Stadtteil. Doch auch hier tafeln Schöngeister, und sie sitzen dabei auf harten Bänken in einem intimen, urgemütlichen Lokal. Es ist genau das, was Berlin braucht: eine bürgerliche Gaststätte ohne Carpaccio und ohne amuse gueule.

Dic Speisekarte ist etwas einfallslos, die bedienenden Damen sind überaus freundlich, die Tische proper eingedeckt. Nur der Koch in der Kombüse braucht lange, bis er den bestellten Fraß fertig hat. Doch die Fischsuppe schmeckt einmal nicht wie überall nach Provence, sondern nach Dill, die Hirschpastete ist locker und lecker, das Fleisch auf den Punkt gegart. Leider erinnern die Beilagen an die schlampige Mutter; da wird entweder zu viel oder zu wenig gesalzen und der Beweis schuldig geblieben, daß Bratkartoffeln ganz gut schmecken können. Die Desserts taugen nix. Dennoch empfehlenswert, weil man sich vor den dunklen Holztäfelungen sauwohl fühlt. Zufriedenstellende Weinkarte, vernünftige Preise.

Ana e Bruno

Das ist scheinbar der xte Italiener in Berlin. Aber auf seine Geschäftskarten hat Bruno Pellegrini »La nuova cucina« drucken lassen, und genau das bietet der den verblüfften Berlinern: Nouvelle Cuisine auf Italienisch! Wer also rausfährt in die Sophie-Charlotten-Straße, muß sich auf Ungewöhnliches gefaßt machen. Was bei »Ana e Bruno« auf den Tisch kommt, ist verwegen, ungeheuer anspruchsvoll und von einer Finesse, die man gewöhnlich nicht mit italienischer Küche verbindet. Ein Wagnis, zweifellos. Wer wiederfinden will, was südlich der Alpen so herzhaft duftete, den werden Signor Pellegrinis Kreationen nicht froh machen. Romantische Schlichtheit und rustikale Natürlichkeit sind seine Sache nicht. Er scheint mir eher der Meinung Marinettis zu sein, der in den ewigen Nudeln den Untergang Italiens begründet sah.

Bei »Ana e Bruno« gehören die Pasta (selbstverständlich hausgemacht) nicht zu den Attraktionen, weil zu zaghaft gewürzt. Die Gnocchis hingegen, mit der subtilen Parmesan-Zitronensauce, sind ein Gedicht, und ein so edles Vitello tonnato wie hier muß man gegessen haben, um die übliche Seelenlosigkeit derartiger Zeitvertreiber zu erkennen.

Richtig *nuova* wird's dann bei den Hauptgerichten. Gekochte Entenbrust in Essigsauce, dazu mit Schokolade und Mandeln gefüllte Zwiebel – wem es beim

Lesen dieser Beschreibung nicht kalt den Rücken runterläuft, muß schon sehr abgebrüht sein. Ich habe das Wahnsinnswerk probiert und kann nur sagen: großartig! Nie war eine Entenbrust so zart, nie erwies sich Avantgardismus als so logisch. Das paßte wunderbar zusammen und war von jener Qualität, die man sonst nur bei ganz großen Köchen findet. Ebenso furchteinflößend und ebenso verblüffend gelungen ist die Kombination von Rouget, Rosinen, Tagliatelle und Pinienkernen. Wieder war es eine raffinierte Würzung, die das Ganze zusammenhielt.

Was bei den ja nicht gerade sensiblen Rougets Sinn macht, mißglückte dann beim Zander. Das Filet war mit einer so starken Estragonkruste überbacken, daß vom Fisch wenig zu schmecken war.

Aber auch Puristen kommen bei »Ana e Bruno« auf ihre Kosten. Kurzgebratene Stücke von der Rinderlende werden mit Rosmarin-Olivenöl serviert, dazu auf einem Extrateller junge Erbsenschoten, wie man sie besser nicht machen kann. Sonst nichts. Überhaupt hat Signor Pellegrini von der Nouvelle Cuisine die kleinen Portionen übernommen, so daß man sich auch nach mehreren Gängen und einem extrem leichten, schwach gesüßten Dessert in bester Verfassung auf den Heimweg begibt.

Unübersichtliche aber gut bestückte Weinkarte. Dem Anspruch der Küche wären bessere Gläser angemessen. Feine Brötchen, lange Pausen zwischen den Gängen. An den Wänden eine Porträtgalerie historischer Toten; unbequeme Stühle; verhaltene Operntenöre vom Band.

Einmal Matterhorn und zurück

Die Vorstellung, daß ich durch die Felder und durch die Wälder wandere, einfach so, weil der deutsche Mensch ein Wanderer ist, diese Vorstellung ist absurd. Kein Tier wandert »einfach so«. Tiere machen sich auf die Socken, weil sie Hunger haben. Wenn sie satt sind, rühren sie sich nicht vom Fleck. Wie ich.

Wer mich also beim Spaziergang durch Paris beobachtet, sollte sich keine Illusionen machen: Nicht der Eiffelturm ist mein Ziel, sondern das Restaurant auf seiner untersten Plattform, das »Jules Verne«, an dem der Aufzug mit den Touristen ohne Halt vorbei nach oben ächzt. Wenn ich in meinem Leben dennoch zweitausendjährige Eiben gesehen habe und das Mat-

terhorn, dann deshalb, weil diese Dinge zufällig am Weg lagen.

Das Matterhorn ist ein sehr schöner Berg. Das weiß jeder. So hastete mit mir, außer australischen Aborigins, die Urlaub machende UNO-Vollversammlung, mit kreischend bunten Klamotten am Leib und schweren Wanderschuhen an den Füßen, dem Berg entgegen. Vielen war anzusehen, daß sie nicht Halt machen würden, bevor sie auf dem Gipfel stünden. Diesen Menschen gehört meine Bewunderung; aber ich gehöre nicht zu ihnen.

Ich gehörte stattdessen zu einer Expedition von vier Personen und zwei Dackeln, deren gemeinsames Ziel ein exzellentes Mittagessen war. Es mag unwahrscheinlich klingen, daß praktizierende Feinschmecker ausgerechnet in der Umgebung des Matterhorns sich eine wunderbare Begegnung von der kulinarischen Art erhoffen. Aber genau das, hatten uns zuverlässige Informanten versprochen, würden wir dort finden. Also verließen wir an einem sonnigen Augustmorgen mit tausend anderen Menschen den Ort Zermatt. Zermatt ist für das Matterhorn, was Saint-Tropez für die Plage de Pampelonne bedeutet, mit dem Unterschied, daß man zum Strand mit dem Auto fahren kann, zum Matterhorn aber nicht.

Um für die Anstrengungen unserer Wanderung gerüstet zu sein, trug ich an den Füßen Tennisschuhe und stützte mich beim Gehen auf einen Bambusstock, dessen Krücke man abschrauben konnte. Ein dabei sichtbar werdendes längliches Fläschchen enthielt Feuerwasser jener Sorte, die früher von Bernhardinerhunden erschöpften Bergwanderern serviert wurde. Den uns begleitenden Dackeln traute ich so viel Menschenfreundlichkeit nicht zu.

Kaum hatten wir das Hotel verlassen, wurde mir klar, daß es bergauf ging. Nicht steil bergauf, aber doch steil genug, daß ich eine gewisse Kurzatmigkeit registrierte, die sich bei mir sonst nur nach einem achtgängigen Menü bei Bocuse einstellt. Wir passierten einige Grabkreuze unter denen, wie mir die ortskundigen Dackelbesitzer erklärten, berühmte Bergsteiger liegen. Berühmte Köche waren nicht dabei. Wir keuchten weiter bergauf. Das heißt, ich keuchte. Die Dackel bellten und ihre Besitzer sowie mein weiblicher Gepäckträger machten sich über japanische Bergwanderer lustig. Mir begannen die Füße zu schmerzen, und ich schwitzte. Doch dann besann sich mein durchtrainierter Organismus auf seine wahren Kräfte: ich verspürte Hunger.

Wie ein Jungbrunnen durchströmte mich die Vorstellung von dem, was wir bei Max und Greti zu essen bekommen würden. Die beiden betreiben eben jene kleine Feinschmecker-Hütte im Weiler Zum See, die unser Ziel war. Von den Ravioli würden wir zweimal bestellen, hatten uns die Informanten prophezeit. So herrliche, hauchdünne – natürlich selbstgemachte – Ravioli mit Spinat und Lachs, würden selbst wir nicht oft auf dem Teller haben!

Und erst die Scampis... Ich schritt rüstiger aus und überholte ein paar Wandersleut' aus Kopenhagen.

Dann hatten sie von den Kalbsnieren geschwärmt, welche Max so vollendet zubereitete, wie ein hochdekorierter Koch. Kalbsnieren, von denen ich noch Monate träumen würde. Ich stellte mir vor, diese göttlichen Nieren, rosa, aber nicht blutig, nicht zu dick geschnitten, nicht zu dünn, und eine Sauce dazu, die man mit dem Brot, dem selbstgebackenen, auftunken will. Dazu einen Merlot aus dem Tessin oder einen Marsanne Blanche, wie ihn Provins in kleiner Menge, aber überragender Qualität herstellt. Die Dackel galoppierten hinter mir her und ihre Besitzer riefen etwas wie ›Matterhorn‹. Tatsächlich sah ich, als der Weg um einen Hügel bog, den prominenten Berg teilweise vor mir. Gleichzeitig aber bot sich meinem geistigen Auge der Anblick eines gedeckten Tischs vor einer Holzhütte. Der Wein stand im Eis, die Teller waren mit den köstlichsten Leckereien gefüllt, und durch das geöffnete Küchenfenster sah ich einen freundlichen Menschen in normaler Kleidung eine Aprikosentorte anrichten. Max war's, wer sonst?

Mein Puls erreichte die Stärke sieben auf der bergauf offenen Richterskala, was kein Wunder war, da ich im Laufschritt in Zum See eintraf, wo alles so war, wie ich es erhofft hatte. An den Rückweg erinnere ich mich nicht. Ich vermute, sie haben mich ins Tal gerollt.

III.
Schluck-Schluck

Der Fall Elbling

Über nichts freue ich mich so sehr, wie über das, was in den letzten zehn Jahren im deutschen Weinbau geschehen ist. Der deutsche Wein, durch eine agrarpolitisch idiotische und ökonomisch verhängnisvolle Entwicklung zum Gespött der Kenner im In- und Ausland geworden (Masse statt Qualität, Süßreserve ersetzt Natur, minderwertige Neuzüchtungen verdrängen traditionelle Traubensorten), erlebt eine wunderbare Renaissance. Leichte, sortentypische und saubere, trocken ausgebaute Weißweine, die man früher mit der Lupe suchen mußte, werden heute von vielen Winzern in allen Weinbaugebieten mit einer Selbstverständlichkeit produziert, als hätten sie nicht allesamt in den siebziger Jahren jene lächerlichen Lieblichkeiten hergestellt, welche die Kenner nach Italien und nach Frankreich trieben.

Nicht alle Winzer, muß ich gerechterweise einschränken. Eine Handvoll sturer Böcke hat sich dem Diktat der Weinbaufunktionäre nie gebeugt. Sie haben nicht die dubiosen Möglichkeiten des Weingesetzes ausgenutzt und sich geweigert, parfümierte Neuzüchtungen an Nordhängen anzupflanzen; ihre Weine waren naturrein, was auf die Etiketten zu schreiben ihnen ebenso verboten war wie Angaben über Restzucker, Säure, Extrakt und dergleichen. Manche taten es dennoch und handelten sich Prozesse ein.

Heute sind die Funktionäre nicht mehr so rigoros. Sie mögen eingesehen haben, daß sie sowohl den Markt als auch den Geschmack der Konsumenten falsch eingeschätzt haben; im übrigen geht es den

Winzern heute besser denn je – sofern sie zu den zehn bis fünfzehn Prozent (schätze ich mal) gehören, die gute Qualität produzieren.

Ganz lassen kann er es aber nicht, der Gesetzgeber, seine Finger in den Weinbau zu stecken. Seine Existenzberechtigung findet er, wie alle Bürokratien, in unsinnigen Verordnungen und Verboten. Ich will hier nicht darauf eingehen, daß es not täte, die verwirrenden Klassifizierungen und Lagenbezeichnungen zu vereinfachen. (Bestes Beispiel für Übersichtlichkeit bietet das französische Weingesetz.) Ein Konsument, so er nicht ein ausgepichter Kenner ist, wird angesichts der fehlenden Eindeutigkeiten auf unseren Weinetiketten leicht versucht sein, wie gewohnt zum Sancerre zu greifen. Da könnte demnächst der europäische Markt automatisch für Besserung sorgen.

Wo unseren Bürokraten alte Zöpfe jedoch als unbedingt erhaltenswert erscheinen, das ist bei den Anbauverboten für bestimmte Traubensorten. So ist es beispielsweise den Winzern verboten, die Rotweintraube Cabernet Sauvignon anzubauen, aus der unter anderem die besten Rotweine der Welt hergestellt werden (Bordeaux, Napa Valley, Toskana).

Auch die Chardonnay-Traube, welcher Burgund seine großen Weißweine verdankt, und die zur Zeit auch in Österreich, Italien, den USA und sonstwo in Mode gekommen ist (mit nicht immer überzeugenden Ergebnissen), auch die darf bei uns nicht angebaut werden. Weil es sie auch früher nicht gab in deutschen Landen, heißt es dazu aus den Kanzleien. Im Hintergrund hört man zackiges Hackenschlagen.

Bei einer anderen Weißweintraube, dem Elbling, sind sie weniger traditionalistisch. Die gab es an der Mosel und im Kaiserstuhl schon immer. Wahrlich kein Ruhmesblatt des dortigen Weinbaus; der Elbling wurde meistens zu Sekt verarbeitet oder, weil er leicht und sauer ist, sonst aber keine bemerkenswerten Eigenschaften hat, mal so zwischendurch gegen den Durst getrunken.

Damit soll es nun vorbei sein. Franz Keller, ein streitbarer Winzer aus Oberbergen, der sich schon immer gegen die offizielle Weinbaupolitik aufgelehnt hat, ließ es drauf ankommen und ging vor Gericht. Dort mußte er sich belehren lassen, daß der Elbling nicht die Qualität eines deutschen Weins habe und deshalb auch nicht unters Volk gebracht werden dürfe. Punktum.

Das ist glatte Rassendiskriminierung, möchte man meinen. Ich trinke auch keinen Elbling mehr, seit es so viele andere, bessere deutsche Weine gibt. Aber ob er getrunken wird oder nicht, soll man, bitteschön, dem Konsumenten überlassen. Der Gesetzgeber hat sich da nicht einzumischen. Weiß er denn, was die Leut morgen und übermorgen trinken wollen?

Mit der offiziellen Förderung der parfümierten Neuzüchtungen hat er sich schon einmal blamiert. In einem Staat, wo die Gesetze des Marktes ständig beschworen werden, als seien sie von Moses persönlich unters Volk gebracht, sind derartige Eingriffe nichts anderes als Dirigismus.

Wir sind so stolz auf die Vielfalt unserer Würste, Biere und Ferienziele. Laßt also auch die Winzer pflanzen, was sie wollen. Keine Angst: Wenn's nix taugt, saufen wir es schon nicht.

Kleiner Wein auf großer Reise

Hinter den Hügeln geht die Sonne unter, die Zypressen ragen wie Scherenschnitte in den Abendhimmel, im Weinlaub rascheln die Eidechsen, und das Essen dampft aus irdenen Schüsseln. »Herr Wirt, noch eine Flasche von dem Roten!«

Gott, wie ist die Welt doch schön! Vor allem im Süden. Vor allem im Urlaub. Daran will man sich zu Hause erinnern, und nicht nur an Hand der Farbfotos. Der Duft der Kräuter, der Geschmack des Weins – das alles ist in höchstem Maße bewahrenswert, wer wollte das bestreiten? Also kaufen wir Thymiansträuße auf dem Markt, Knoblauchkränze und Olivenöl. Und der Wein? Der herrliche Wein, den wir zum Kaninchen getrunken haben? Er wächst im Nachbarort. Fahren wir also hin und kaufen ein, zwei Kartons. Billig ist er sowieso, und im Kofferraum ist Platz.

Zwei Wochen später in Wuppertal ist der Himmel grau. Die Zypressen heißen hier Blautannen. Erwartungsvoll öffnen wir eine Flasche vom Mitgebrachten.

»Nun ja, scheint ein bißchen sauer zu sein.Dort unten, bei Anselmo, also ich meine, vielleicht hat er die Reise nicht vertragen?«

Auch die zweite Flasche bringt den Zauber des Südens nicht zurück in die Vierzimmerwohnung nach Wuppertal-Vohwinkel, und als der Hausherr zur dritten Flasche greift, fragt einer der Gäste vorsichtig, ob man nicht besser zum Badischen übergehen sollte, der sei doch sehr gut gewesen beim letzten Mal...

Was ist geschehen? Warum enttäuschen so viele

Weine, die wir mit großen Erwartungen von der Urlaubsreise zurückbringen? Die Antwort ist einfach: weil es bescheidene, kleine Weine sind. In der bukolischen Stimmung eines Bistros oder einer Trattoria im warmen Klima Südeuropas und zu anders gewürzten Speisen konnten sie uns entzücken, einen krassen Klimawechsel und einen rauhen Transport haben sie nie bestehen, die Region, in der sie gewachsen sind, nie verlassen müssen. Dafür sind sie auch nicht gemacht.

Die Trinker im jeweiligen Weinbaugebiet wissen das. Sie stellen keine großen Ansprüche an ihren lokalen Wein, kümmern sich nicht um Jahrgang und Einzellage. Wenn es etwas Besseres sein soll, trinken sie Sekt.

Wer als Tourist einen Wein im Ursprungsland für umgerechnet fünf Mark kauft, darf sich keine Illusionen machen. Für diesen Preis ist nicht einmal in Ländern mit niedrigem Lohnniveau etwas Anständiges zu kriegen. Winzer, die ihre Weine so billig verkaufen, tun dies ja nicht, um den Touristen eine Freude zu machen, sondern weil ihr Wein einfach nicht mehr wert ist. Ihr Betrieb kann sich aufwendige Installationen nicht leisten, welche für die Verbesserung, also auch die Stabilisierung ihrer Weine notwendig wären. In diesem Zweig der Landwirtschaft ist das Prädikat »handgemacht« nicht unbedingt ein Merkmal für bessere Qualität. Fehlerhafte Weine entstehen eher dort, wo noch mit der Holzstange im Gärfaß herumgerührt wird, als im modernen Betrieb. Soll man deshalb keine Weine mit nach Hause bringen? Nein, sofern es Billigweine sind. Daran hat man keine Freude. Aber einen guten Wein: jederzeit!

Auch mir sind früher mitgebrachte Weine im Keller explodiert, oder sie erwiesen sich als matt und muffig.

Aber das war am Anfang meiner Erfahrungen. Seitdem habe ich Weine kistenweise nach Hause transportiert, aus Bordeaux, Burgund, von der Loire (ich hab's nun mal mit den Franzosen) oder, neuerdings, aus der Provençe, weil es dort inzwischen Winzer gibt, die Qualität produzieren und nicht nur die beliebte rosa Farbe.

Allerdings rate ich davon ab, dergleichen im Hochsommer nachzuahmen. Wenn im Kofferraum Temperaturen von vierzig Grad und mehr herrschen, entstehen Situationen, für deren Folgen ich nicht zuständig bin. Fragen Sie lieber einen Chemiker. Oder besser noch einen jener tapferen Feuerwerker, die vergessene Bomben entschärfen.

Pferdeschweiß mit Erbsen

Was dem Schotten sein Whisky, ist dem Deutschen der Riesling. Falsch? Ja. Weil wir statistisch gesehen eine Nation von Biertrinkern sind. Dennoch ist was dran. Riesling ist das Synonym für deutschen Wein. Und nicht zu Unrecht.

Nirgendwo wird er in solchen Mengen angebaut wie bei uns. Seit unsere Winzer begriffen haben, daß sie nur überleben können, wenn sie Qualität statt Quantität produzieren und daß sie sogar gut verdienen können, wenn sie erstklassige Qualitäten anzubieten haben, ist der deutsche Riesling wieder, was er früher gewesen sein muß, als unsere Großväter ihn in launigen Versen besangen. (Zum Davonlaufen, diese patriotische Weinseligkeit!) Wenn es Weißwein sein soll, trinke ich zu Hause fast nur noch deutsche Erzeugnisse. Allerdings nicht ausschließlich Riesling. Es gibt da unter anderen Sorten auch noch den Silvaner.

Eine alte, traditionsreiche Rebsorte, welche in der Epoche der parfümierten Neuzüchtungen fast verschwunden wäre. Jetzt wird sie wieder mehr und mehr von vernünftigen Winzern angebaut und mehr und mehr von mir getrunken. Denn so alt die Rebe auch sein mag, der Silvaner ist ein moderner Wein. Weil er leicht ist und keine aufdringliche Fruchtigkeit hat. Wein-Novizen, die ohne Umwege über liebliche Nichtigkeiten zu den Prachtstücken des deutschen Weins vordringen wollen, finden im Silvaner eine sehr angenehme erste Etappe. Er ist, wie der Gutedel, ein Kneipwein, zu dem man nicht unbedingt etwas essen muß. Ein Silvaner von guter Herkunft bietet jedoch mehr als eine Gelegenheit zum fröhlichen Zechen. Er eignet sich vorzüglich zu kalten Vorspeisen wie Schinken, Wurst, Fleischterrinen. Und zu Spargel. Oder Sauerkraut, oder zum Huhn.

Kürzlich traf ich in La Wantzenau auf ein paar Neugierige, die dabei waren, genau das auszuprobieren. La Wantzenau liegt einige Kilometer nördlich von Straßburg auf der Höhe der Autobahnausfahrt Achern. Dort gibt es das »Relais de la Poste«, ein kleines Romantik-Hotel mit hübschen Zimmern und einem stattlichen Speisesaal. Keine *Winstub*, sondern ein gepflegtes Restaurant mit einer exzellenten Küche, die nur deshalb nicht in aller Munde ist, weil in jener Region mehr exzellente Küchen zu finden sind als McDonald-Filialen in München.

Monsieur Daull, der Hausherr und Küchenchef, hatte ein Menü gekocht, zu dem ausschließlich Silvaner getrunken werden sollte. Es begann mit einer perfekten Entenleberterrine (*Foie gras de canard*), darauf folgten zweimal Spargel, einmal normal mit einer Holländischen Sauce, einmal war er mit einer leicht angeräucherten Scheibe Lachs umwickelt. Zum Hauptgang hatten wir ein herrliches Brathuhn auf dem Teller.

Ein Silvaner zur *Foie gras*, das scheint auf den ersten Blick verrückt. Ein Gewürztraminer, ja, oder eine Ruländer Spätlese. Der 1988er Ihringer Winklerberg jedoch, ein Silvaner QbA vom Weingut Dr. Heger in Ihringen mit nur 10% Alkohol, ein unglaublich fleischiger Wein, brachte das Kunststück fertig, die elsässischen Tischgenossen zu begeistern.

Deren Patriotismus hatte dann seine große Stunde beim Lachs zum Spargel, weil die ungewöhnliche, spritzige Säure eines elsässischen Sylvaners von der Domaine Ostertag in Epfig mit dem Lachs am besten fertig wurde. Das Brathuhn schließlich – keine Sauce, nur vom Bratensaft befeuchtet – ging mit dem für mich schönsten Silvaner eine Harmonie ein, die im Lehrbuch der Feinschmecker nicht vorgesehen ist. Es handelte sich um eine trocken ausgebaute 1989er Spätlese vom Weingut Deppisch in Marktheidenfeld (Franken). Ein wunderbar ausgewogener Wein mit unverkennbarem Silvanergeschmack.

Wie nun schmeckt ein Silvaner? Er schmeckt, wie es riecht, wenn man eine Dose Erbsen aufmacht. Nicht weil der Winzer frische Erbsen unter die Trauben mischt oder ein Stück Dosenblech in den Tank schmeißt, sondern weil ich es so empfinde. Denn was bedeutet es, wenn Weinexperten von Quittenduft, Veilchenaroma oder Lakritz, von welken Rosen oder Feuerstein sprechen, eine leicht grasige Note feststellen, dem Heu und schwarzen Johannisbeeren nachschnüffeln – alles bei ein und demselben Glas Wein? Es bedeutet lediglich, daß es Experten sein müssen, die so etwas herausschmecken. Der Normaltrinker weiß damit nichts anzufangen. Ich auch nicht. Warum dann also nicht auch Pferdeschweiß oder Erbsen? Hier stoßen wir wieder auf die unüberwindliche Schwierigkeit, einen Geschmack so zu beschreiben, daß sein Phantombild zur Erkennung führt.

Als Freund des Silvaners kann ich nur bedauern, wie selten es vorkommt, daß ich einen Wein im Glas habe, von dem ich ohne zu zögern sagen kann: Ja, dies ist eindeutig ein Silvaner! Bei dem Mittagessen im »Relais de la Poste« in La Wantzenau gab es diesen Moment immerhin zwei, drei Mal, und das ist bemerkenswert. Ich wünsche mir mehr solcher Momente, mehr Silvaner, die dem Weintrinker beweisen, wie lohnend Begegnungen mit dieser unterschätzten Traubensorte sind.

Zum Beispiel Monsieur Seysses

Monsieur Seysses kenne ich seit zwanzig Jahren. Damals fuhr ich zu allen burgundischen Winzern, deren Weine mir in den Restaurants der Region besonders gut geschmeckt hatten. Die Pinots Noir de Domaine Dujac gehörten dazu: Gevrey Chambertin ler Cru, Clos de la Roche, Bonnes Mares, Echezeaux. Die Domaine Dujac gehört Monsieur Seysses. Er ist kein Bauernwinzer; den Weinbau betreibt er erst seit 1968. In seinem Haus fällt eine geschmackvoll-moderne Eleganz ins Auge, nicht gerade typisch für einen burgundischen Winzer.

Ebenfalls nicht typisch ist seine Experimentierfreudigkeit. Er filtriert seine Weine nicht, schönt sie nicht. Er baute sie schon damals in neuen Barriques aus, rollte sie, als einmal Schnee in der Luft lag, ins Freie, um mit extrem niedrigen Temperaturen zu arbeiten und hielt auch sonst nicht viel von den hergebrachten Methoden.

Er pflanzte Chardonnay an, was in Morey-Saint-Denis mehr als ungewöhnlich ist. In Burgund war er einer der ersten, der erkannte, daß sich die Trinkgewohnheiten und der Geschmack der Konsumenten änderten. Also änderte er auch die Kellertechnik. Was er im einzelnen anstellte, um sich eine treue Stammkundschaft zu schaffen und andere Kunden zu verscheuchen, weiß ich nicht. Ich hatte genügend rote Burgunder im Keller und kümmerte mich mehr um andere Weinbaugebiete. Der Südwesten Frankreichs wurde immer interessanter, dann, seit einigen Jahren, auch die Provençe.

Und dort, zwischen den kahlen Hügeln bei Aix-en-Provençe, wo es kälter ist, als mancher Nordländer wahrhaben will, dort hat Monsieur Seysses zusammen mit dem Pächter von Romanée-Conti ein zweites Weingut gekauft, die Domaine de Triennes. Verständlich, daß er dort tut, was er in Burgund nur begrenzt tun darf: er experimentiert. Er baut Cabernet Sauvignon an, Merlot, Viognier, Chardonnay, selbstverständlich Syrah, Mourvèdre und Ugni Blanc. Aber die anderen Traditionstrauben der Provençe (Grenache, Cinsault, Carignan) hat er rausgerissen, auch wenn es ihn die AOC kostete. Also produziert er Landweine – wie die anderen auch.

Die anderen sind wie er: Zugereiste. Fremde in einer Landschaft, die bis dahin für ihren Wein eher berüchtigt als berühmt war. Diese albernen Rosés, die dünnen Roten und die faden Weißweine, die konnten damals einem Weinkenner fast den Aufenthalt am Mittelmeer verleiden. Heute ist das alles anders. In der Provençe haben sich Winzer angesiedelt, die Qualitätsweine von hohem Rang produzieren, leckere Tropfen, die einen schnell vergessen lassen, daß die großen französischen Weine eigentlich aus Bordeaux und Burgund stammen. Und viele dieser Winzer sind Deutsche.

Erstaunlich ist das nicht. Erstens kostet der Boden in der Provençe nicht so viel wie in unserem Staat, zweitens ist es schöner, in der Sonne zu leben, und drittens darf man dort – im Gegensatz zu hier – nach Herzenslust experimentieren. Also Barriqueausbau, wenn einem danach zumute ist, und Cabernet-Sauvignon oder Chardonnay oder was sonst alles den Versuch lohnt. Sie wetteifern geradezu in der Abweichung vom Üblichen, und die bessere Gastronomie macht begeistert mit. Ich habe selten eine so phantastische Verbesserung der Weinkarten erlebt wie in den letzten Jahren zwischen Valence und Fréjus. Die Köche setzen ihren Ehrgeiz darein, die Weine der modernen und unorthodoxen Winzer zu führen, und so kommen wir Gäste oft in den Genuß einer sehr preiswerten und sehr guten Flasche Wein, die wir früher nicht für Geld und gute Worte hätten finden können.

Wir haben es hier mit einer ermutigenden und hoffnungsvollen Entwicklung zu tun, eine Entwicklung, die alle pessimistischen Befürchtungen von Gleichmacherei und Niveausenkung Lügen straft. Warum sollte das nur in Südfrankreich und nur im Weinbau möglich sein? Was ist mit der Aufzucht von Kälbern, Rindern und Geflügel? Muß dabei die Qualität auf ein paar französische Regionen beschränkt bleiben? Gibt es in den neuen Bundesländern keine Geflügelzüchter, keine Kälbermäster und keine Käsereien, die daran glauben, daß eine gehobene Qualität neue Abnehmer bringt? Ist dort niemand die albernen Gummikäse leid, die dünnen Hähnchen und die faden Kalbsschnitzel? Übersteigt es die Vorstellungskraft unserer Landwirtschaft, daß Subventionen nicht ausreichen, um ihre Existenz zu sichern, daß aber Qualitätsprodukte ihnen einen Aufschwung verschaffen können?

Die neuen Winzer der Provençe haben gezeigt, daß auch in einer auf Massenkonsum gedrillten Gesellschaft ein Bedarf am individuellen Erzeugnis, am eindeutig Besseren besteht. Unter unseren Weinbauern ist das nichts Neues; die Renaissance ihrer Rieslinge beweist es ebenso wie ihre Neugründungen in der Nachbarschaft des Monsieur Seysses.

Leider habe ich Julie nicht gesehen

Der größere Hund ist riesig. Er paßt in kein normales Auto, deshalb haben sich Pfefferkorns einen Kombi anschaffen müssen; mit verstärkter Hinterachse. Der kleine Hund, schwarz und struppig, ist ein Witzbold. Er sucht, sobald der große sitzt oder liegt, in dessen Backentaschen nach versteckten Knochen. Der mittlere Hund, der normalerweise als eindrucksvolle Bestie durchgehen würde, wirkt zwischen den beiden anderen lieb und verträumt. Ein langhaariger, schwarzer Kater hält die Hunde für mißratene Brüder, vor denen er seinen Freßnapf verteidigen muß.

Diese Idylle spielt sich im Haus ab. Da der Hausherr und seine Frau dort mühelos noch ein halbes Dutzend Gäste vor den afrikanischen Skulpturen, unter den Otto Dix-Bildern und neben dekorativen Vitrinen unterbringen können, ist es ein großes Haus. Ein Winzerhaus. Das merkt der Ankömmling zunächst nicht, weil vor und hinter dem Haus Enten, Hühner, Hähne, Esel, Pferde und ein großes Schwein herumlaufen.

Das Schwein, es heißt Julie, ist eine Attraktion, da es über zwei Meter lang sei und überhaupt ein gleichberechtigtes Familienmitglied. Ich habe es nicht gesehen. Es war spazieren gegangen. Dazu bietet der Besitz der Pfefferkorns viel Platz. 190 Hektar groß ist das Weingut. Nur 9 Hektar sind mit Reben bepflanzt, irgendwo hinter der Landepiste in den Hügeln, wo Julie lustwandelte.

Rainer Pfefferkorn ist kein gelernter Winzer. Das hat er mit vielen Deutschen gemeinsam, die sich in Südfrankreich vom deutschen Wetter und von der deutschen Enge abgesetzt haben. Die Domaine de Baruel liegt eine Dreiviertelstunde westlich von Nîmes und diese Region ist alles andere als ein Nistplatz für bunte Society-Vögel.

Die Pfefferkorns hatten das Glück, daß ihr Vorgänger, von dem sie das Gut gekauft haben, fünfzehn Jahre vorher die landesüblichen, aber nicht sehr bemerkenswerten Rebsorten ausgerissen und Syrah gepflanzt hatte. Und kaum hatten sie die nagelneuen 30 Hektoliter fassenden Holzfässer installiert, brachte ihnen 1990 einen außergewöhnlichen Jahrgang in den Keller. Bei durchschnittlich 25 hl/ha sind das zwar nur knapp 30.000 Flaschen. Aber der Wein hat eine ungeheure Dichte und Üppigkeit, und wird noch einige Jahre in der Flasche lagern müssen, bis er zusätzlich jene elegante Fruchtigkeit entwickelt, welche die Syrah-Traube auszeichnet.

Daß die Vinifikation weitgehend nach biologisch-dynamischen Prinzipien vorgenommen wird, versteht sich heute bei modernen, qualitätsbewußten Winzern von selbst. Entrappt, das heißt, von den Stengeln befreit, werden die Trauben nur in mageren Jahren; gut ausgereifte Trauben – wie es sie 1990 gab – kommen mit den Stengeln in die offenen Gärungsfässer. Das gibt dem künftigen Wein die enorme Fülle, wie sie für eine klassische Vinifikation in guten Jahren typisch ist – nicht nur bei der Syrah.

Neben dem Wein versuchen sich die Pfefferkorns auch mit der Trüffelzucht. Eigentlich existiert sie ja nicht, aber sie ist möglich und wird auch mehr und mehr praktiziert. Dazu braucht man nur ein paar Eichenwälder, sehr viel Geduld und schließlich einen Hund, der die kostbaren Delikatessen findet. Auf der Domaine de Baruel ist das alles vorhanden. Dem kleinen, schwarzen Witzbold haben sei eine Trüffel in die Wiege gelegt; so hat er deren Duft lieben gelernt. Julie, das Zweimeterschwein, kann also weiterhin Waldspaziergänge machen, ohne dabei arbeiten zu müssen. Und geschlachtet wird sie auch nicht. »Niemand hier würde Julie essen können«, sagte Bettina Pfefferkorn. Schade, daß ich sie nicht kennengelernt habe.

Hundert verweht

»Der Siebeck will mal ein paar schöne Weine aus deiner Schatzkammer trinken«, sagt Dieter anstelle einer Begrüßung zu Herrn Schleicher.

Herrn Schleicher, mit Vornamen Wolfgang, wundert das nicht. Alle wollen ein paar schöne Weine aus seiner Schatzkammer trinken. Wolfgang Schleicher ist der Mann, der die Weine auf Schloß Johannisberg macht. Außerdem hat er den Schlüssel für jenen Teil des riesigen Weinkellers, der die Schatzkammer heißt. Darin liegen alte und uralte Auslesen, Beerenauslesen und Trockenbeerenauslesen der Johannisberger Rieslinge. Daß er bei Dieter zur Tür hereinkommt, ist nicht ungewöhnlich. Denn Dieter hat die Burgschänke von Schloß Johannisberg gepachtet.

Er heißt mit Nachnamen Biesler und ist ein alter Freund von mir. Von dem Tisch, an dem wir sitzen, bis zur Schatzkammer sind es nur fünfzig Meter Luftlinie. In Wirklichkeit ist es länger, weil man Treppen runtergehen muß, im Halbdunkeln auf knirschendem Kies an vielen Fässern vorbeimarschiert, dem Hl. Vincent, der die Schatzkammer bewacht, seine Reverenz erweisen und dann warten muß, bis Herr Schleicher den richtigen Schlüssel findet und das Gitter öffnet. Dann braucht man nur noch zuzugreifen.

Als wir wieder am Tisch sitzen, zähle ich elf Flaschen von jener Sorte, die den Auktionatoren den Schweiß in die Handflächen treiben. Beerenauslesen und Trockenbeerenauslesen und ähnliche Schätze ohne Verfallsdatum. Der jüngste ist ein 1991er Eiswein, der älteste stammt aus dem Jahr 1886, welches für die

Winzer ein glückliches Jahr gewesen ist, wenn man einmal davon absieht, daß ihr bester Kunde, der Geheimrath v. Goethe, nicht mehr unter den Lebenden weilte, die Reblaus hingegen noch.

Wir fangen mit dem jugendlichen Eiswein an und trinken dazu einen ebenfalls frostgeschädigten 1985er. Beide sind schön süß und kräftig sauer. So darf man das jedoch nicht sagen, sondern: Sie haben eine herrlich frische Frucht und ein enormes Säurepotential, nämlich 16 bzw. 13 Gramm.

Herr Schleicher hat die blankesten Schuhe, die ich seit langem gesehen habe, und entkorkt die nächsten Flaschen. Bei einer aus dem Jahre 1971, Hausname Trockenbeerenauslese, macht der Korken Schwierigkeiten. Er bröselt und stellt sich auch sonst ganz furchtbar an. Nicht von ungefähr, wie sich herausstellt. Der Wein ist fast rosa und riecht nach flüchtiger Säure, was ein normaler Mensch für Essigwasser halten würde. Doch auf der Zunge, oh Wunder, verhält er sich, wie es sich für einen edelsüßen Wein gehört. Er ist ölig und erinnert mich an den Morgentee, den ich manchmal, weil ich verkatert bin, mit einer doppelten Menge Honig verderbe.

Dann kommt wieder etwas Farbiges, eine Trockenbeerenauslese aus dem Jahr, als ich bei Pierre Gaertner kochen lernte, nämlich 1967. Heißa, wie da die Augen verdreht und die Lippen geleckt werden! »Ist der nicht wunderbar?« fragt Herr Schleicher aufs geradewohl in die Runde. Wieder Honig, denke ich. Aber auch wilde Kräuter wie Rosmarin, Oregano und was sonst alles auf Pizzas wächst, schmecke ich heraus. Ein kleiner Schluck füllt den Mund aus und will und will nicht weichen.

Daran scheitert die 1953er Auslese. Sie ist fast trocken und mager. 1949 fielen die Auslesen offenbar besser aus: ein Göttergetränk von erlesener Feinheit. Davon, sage ich, kann ich eine Flasche ganz allein trinken. Beifälliges Kopfnicken bei Dieter und Barbara. Herr

Schleicher weiß nicht, ob er das gutheißen soll. Er lenkt ab und erzählt Geschichten vom Wein, wie Jäger von den Zwölfendern erzählen. Wie war das noch mit dem 1934er? Der hatte 240 Grad Öchsle und hätte theoretisch zwei Jahre gären können. Fing aber erst gar nicht an. Da riß dem damaligen Kellermeister der Geduldsfaden. Stellt das Faß in die Sonne! befahl er. Gesagt, getan, und tatsächlich, es machte zweimal »Blupp«.

Die 1945er Auslese schmeckt nach Faß. Das kommt wahrscheinlich daher, mutmaßt Herr Schleicher, weil man damals kaum Personal hatte. Da ist dann das Faß Nr. 62 nicht gereinigt worden.

Endlich kommt der Stubenälteste auf den Tisch, der Wein vom Jahrgang 1886. Eine Auslese offenbar (das Etikett haben die Mäuse gefressen) und ist für einen 107jährigen noch so frisch wie Ernst Jünger mit 98. Vielleicht etwas säuerlich, vielleicht ein Hauch von Maggi, aber im allgemeinen fehlerlos und stramm: Hundert verweht... So vergeht der Nachmittag.

Als Dieter, der neben mir sitzt, meinen Magen dreimal knurren hört, schafft er die benötigte Atzung herbei: getrüffeltes Entenleberparfait, Kartoffelpuffer, gebratene Blutwurst. Der Vorschlag, dazu einen trockenen Johannisberger aus jüngster Zeit zu trinken, wird einstimmig abgelehnt. Wenn schon, denn schon.

Und so stelle ich wieder einmal fest, daß die angeblich ideale Kombination von Foie gras und honigsüßem Wein (üblicherweise Château d'Yquem) alles andere als ideal ist. Die süßen Johannisberger (1971, 1967, 1943) legen das Leberparfait mühelos auf die Matte. Da bleibt von der Delikatesse (gut gemacht,

Dieter!) nichts mehr übrig. Honig über alles. Das gleiche Ergebnis beim Roquefort. Der süße Seim macht aus dem Blauschimmelkäse eine Art rezeptfreies Hustenmittel. Da finden wir einen zusätzlich geöffneten 1973er Kabinett mit 26 g Restzucker weitaus passender. Noch einen Abschiedsschluck von der herrlichen Beerenauslese des Jahres 1943. Dann machen wir uns über eine staubtrockene 1990er Spätlese her.

Sie sind bewundernswürdig, die ehrwürdigen Flaschen, von denen man andächtig und genußvoll ein Glas trinkt oder zwei. Zum Essen sind wenige geeignet, zum Durstlöschen keine. Jawohl, Durst! Denn wir Weintrinker sind keine Schmetterlinge, die am Nektar nippen. Wir wollen schlucken.

Herr Schleicher hat nichts dagegen. Die trockenen Rieslinge von Schloß Johannisberg gehören zu den besten im Rheingau. Wir bedienen uns.

Darum ist es am Rhein so schön

Der Anblick von achtundzwanzig Weinflaschen, nebeneinander aufgereiht und alle geöffnet, läßt keinen Weinfreund kalt. Und wenn es sich dabei um Rheingauer Rieslinge handelt, Prädikatsweine bis zur Trockenbeerenauslese, dann beginnt ein alter Weinbeißer schon heftig zu schlucken, bevor er überhaupt einen Tropfen im Glas hat.

Achtundzwanzig Flaschen, das bedeutet achtundzwanzigmal einen Mund voll Wein, den man auch herunterschluckt. Und das am Vormittag auf nüchternen Magen. Wie verträgt er das, der Magen? Wie verträgt das der Trinker, der es ja nicht bei achtundzwanzig Schlucken bewenden läßt, weil er sich bei Flasche Nummer 16 noch einmal überzeugen will, wie Nummer 9, die er bereits probiert hat, sich zur Nummer 16 verhält?

Sie vertragen es gut, der Trinker und sein Magen. Zwar ist der erste Schluck entsetzlich, weil ein trockener Riesling mit 8 Promille Säure auf einen leeren Magen wirkt wie ein Blitz, der in eine morsche Eiche fährt. Unwillkürlich erinnert sich der Weinfreund an den Witz, wo der Bayer die erste Maß Bier des Tages an den Mund setzt und seiner Leber zuruft: »Duck di, jetzt kimmt's!«

Doch der zweite Wein, ebenfalls trocken und nicht weniger sauer, ist schon besser. Die Zunge bemerkt die schöne Fruchtigkeit; ein anderer, für Früchte zuständiger Nerv, erwacht aus der Betäubung und registriert zufrieden den typischen Cassis-Ton, was soviel besagt, daß dieser Wein in einer Ecke des Mundes nach schwarzen Johannisbeeren schmeckt. Oder nach den Blättern der schwarzen Johannisbeere.

Der dritte Wein hat davon noch mehr, vielleicht auch weniger Säure, möglicherweise besitzt er etwas Restzucker, das macht ihn weicher, wie zum Beispiel die Nummer 4, eine Spätlese mit nur 8,5 Prozent Alkohol. Bei ihr hat die Gärung nicht geschafft, allen Fruchtzucker in Alkohol umzusetzen, also ist sie nur halbtrocken. Das ist die Sorte, welche von Cousine Doris bevorzugt wird.

Doch Doris ist nicht da. An ihrer Stelle pendeln sechs langnasige Herren schnüffelnd und schmatzend zwischen den Flaschen Nummer 13 und 21 hin und her. Sie entdecken einen leichten Petrolton bei der Nummer 20, und da sie Riesling-Experten sind, drehen sie verzückt die Augen nach oben. Ja, gewiß, verzückt! Ein leichter Petrolton, der so genannt wird, weil der merkwürdige Nebengeschmack tatsächlich ein wenig an Petroleum erinnert, gilt als besonderer Vorzug eines Rieslings. Warum das so ist, gehört zu den Geheimnissen, die den Wein umgeben wie den Ort, an dem die Tafel König Artus' stand. So haben wir ständig ein Gesprächsthema.

Ein anderes ist der leichte Botrytiston, der besonders beim Jahrgang 1989 herauszuschmecken ist, nicht wahr? Natürlich nicht bei jeder Flasche. Aber Nummer 18 hat ihn, das ist sonnenklar, und auch die Nummer 12.

Botrytis Cinerea ist ein Pilz, der die Trauben befällt. Tut er dies, wenn sie noch unreif sind, ist es schlecht. Befällt er jedoch reife Trauben, kann dies zu jenen edelsüßen Weinen führen, von denen Cousine Doris schwärmt wie für Pavarotti, die sie sich allerdings, wie ihn, kaum leisten kann. Es sind die Beeren- und Trockenbeerenauslesen, die von ihren Herstellern unendlich mehr geliebt werden als jede noch so saftige und trockene Spätlese.

Da ich kein Winzer bin, schmeckte mir die 1989er Erbacher Marcobrunn Spätlese vom Weingut Frh. v. Knyphausen am besten, obwohl sie nicht ganz trocken war, gefolgt von der 1990er Hattenheimer Pfaffenberg Spätlese, Schloß Schönborn. Auf Platz drei und vier lagen 1990 Erbacher Marcobrunn Spätlese, Langwerth v. Simmern und 1990 Erbacher Steinmorgen Kabinett, wieder v. Knyphausen.

Derartige Prämierungen besagen natürlich wenig, weil sie vom subjektiven Geschmack bestimmt werden. Eher läßt sich ein Hotelzimmer bewerten. Und da hat der Rheingau neuerdings etwas Besonderes zu bieten, edelsüß, sozusagen: Das völlig renovierte Hotel Krone in Assmannshausen.

Wie dort die Zimmer mit den feinsten Materialien auf einen neuen Standard gebracht wurden, das ist sogar bei den ersten Adressen der Metropolen selten; hier kommt man aus dem Staunen nicht heraus. Nicht nur, daß man beispielsweise für eine Suite wie die Nummer 21 mit Rheinblick und Balkon (780 Mark) in Berlin, München oder Paris fast das Doppelte zahlen müßte. Von den Türklinken bis zum antiken Sekretär wird hier ein nicht alltäglicher Qualitätsanspruch demonstriert, der in dem riesigen und luxuriösen Badezimmer gipfelt, wo von der Sauna bis zur Sitzecke alles vorhanden ist, was der Rieslingfreund braucht, um sich für die nächsten achtundzwanzig Flaschen wieder fit zu machen.

Des Kaisers neue Etiketten

Die Kunst geht nach Brot, besagt eine Redensart. Es könnte auch heißen: sie geht nach Wein oder, genauer gesagt, sie klebt als Etikett auf vielen Flaschen. Wenn schon der Wein wieder auf die alte Art und Weise ausgebaut wird – so mögen viele Winzer denken –, dann wollen wir wenigstens beim Etikett zeigen, wie modern wir sind. Und sie bitten die Tochter (den Schwager, die Schwester, den Trauzeugen), welche schon immer so gut malen konnte, neue Etiketten zu malen. Oder sie beauftragen professionelle Entwerfer, die gestern die Verpackung für eine Seife entworfen haben und morgen einem Teppichhändler das Briefpapier ›gestalten‹.

Den Etiketten jedenfalls sieht man an, daß neben dem guten Willen zur Modernität ein Weinverstand von den Designern nicht verlangt wurde. Surrealistische Damen oder impressionistische Blumensträuße können wie schrill-bunte oder fröstelnd-graue Aufkleber alles mögliche signalisieren. Durst auf den Wein in der Flasche machen sie nicht.

Es sollte eigentlich bekannt sein, daß es so etwas wie eine Farbpsychologie gibt. Danach sind dunkelblau, lila, giftgrün, grell-rosa sowie schwarz Farben, die den Appetit dämpfen; es sind Farben, welche von Introvertierten, Depressiven und Hysterikern bevorzugt werden. Mundwässernde Farben, wenn ich die mal so nennen darf, sind sonnengelb und frühlingsgrün, himmelblau und, so sie mit weiß kombiniert werden, fast alle Rottöne, dunkelbraun, beige und, natürlich, das verheißungsvolle Gold.

Nicht zu unrecht beanspruchen Winzer die Begriffe Tradition und Adel für ihre Produkte. Daher die heraldischen Motive auf den meisten Etiketten, die Abbildungen der Domainen und Schlösser. Vor allem bei den Bordeaux' sind sie so unverkennbar, daß man der Flasche schon von weitem ansieht, um welchen Wein es sich handelt. Modern in unserem Sinne ist außer Mouton kein einziges Château etikettiert. Doch ausgerechnet das Beispiel Mouton-Rothschild muß unsere Winzer um den Schlaf gebracht haben. Auch sie wollten Kunst auf der Flasche. Nur beauftragten sie nicht, wie Baron Philippe, gewichtige Maler wie Picasso, Chagall, Hartung und dergleichen, auch sind ihre Weine nun einmal keine Prémier Grands Crus sondern Pfälzer Rieslinge, Württembergische Trollinger und Badische Gutedel.

Hier, vor allem, liegt der gravierende Unterschied. Während sich ein Mouton-Rothschild auch verkaufen ließe, wenn auf der Flasche für Amnesty International geworben würde, dürfte mancher einheimische Wein mit einem grauen Etikett in unseren Supermärkten liegen bleiben, weil sich der Konsument hinter einem grauen Etikett keinen goldenen Wein vorstellen kann.

Ähnlich ist es mit den neuen schwarzen Flaschen. Schöne Formen haben sie, daß sei zugestanden. Aber wenn ich so eine schwarze Flasche öffne, wundere ich mich jedesmal, daß da nicht Motorenöl herausläuft.

Essen und Trinken ist, neben der Notwendigkeit, sich zu ernähren, eine sehr sinnliche Angelegenheit. Warum sonst schmücken die Wirte ihre Restaurants so unerbittlich mit Silber und Gold, mit Platztellern und Karaffen, Gummibäumen, Blumen, Nippes und Kitsch? Sie versprechen sich dadurch eine Verdichtung der kulinarischen Atmosphäre. Leider haben nicht alle Gäste den gleichen Geschmack. Der eine findet die bechernden Mönche im Barockrahmen lustig und die Blattpflanzen gemütlich, die hat er zu Hause auch. Andere haben nichts gegen die post-surrealen Traumbilder in blau-violett, die Zigeunerinnen und Mittelmeerlandschaften, die kennen sie vom letzten Besuch auf der Place-du-Tertre in Paris. Den Ästheten aber graust es.

Es ist nicht leicht, Kunst und kulinarischen Genuß zusammenzubringen. Nicht jedes Restaurant kann mit hochkarätigen Kunstwerken aufwarten wie die Kronenhalle oder das Colombe d'Or in Saint-Paul-de-Vence. Nicht jeder Wirt weiß Kunst von Kitsch zu unterscheiden, und nicht jeder Winzer erhöht seinen Umsatz durch modisch gestylte Buntheiten auf den Flaschen.

IV.
Eingemachtes

Was ist mit den Franzosen los?

Stimmt alles: Die ehemaligen Individualisten sind eine konforme Freizeitgesellschaft geworden wie wir. Die notorischen Genießer von einst leben ihre sinnlichen Gelüste in Freizeitparks aus, *the american way of life* hat sich in Frankreich penetranter ausgebreitet als bei uns. Autofetischismus, Fernreisen, Zweithäuser und Designerlabel haben die Kulinarik in den Hintergrund gedrängt. Zu den gigantischen Supermärkten an den Stadträndern pilgern sie heute mit der gleichen lüsternen Erwartung, wie sie gestern auf den Märkten den Kaninchen ins Fell gegriffen haben. Mikrowelle und der für sie produzierte Kunstfraß haben die Stelle eingenommen, die früher die bürgerliche Küche besetzt hatte.

Kein Zweifel, die große Nation der Feinschmecker ist auf dem Weg in die kulinarische Monotonie.

Möglicherweise wird sie eines Tages auch dort ankommen. Die Macht der internationalen Lebensmittelkonzerne ist riesig. Aber noch läßt es sich gut leben in Frankreich; besser jedenfalls als bei uns oder sonstwo.

Noch gibt es die vom *affineur* liebevoll gepflegten Käse; noch interessieren sich die Metzger dafür, was die Kundin mit dem verlangten Stück Fleisch anzustellen gedenkt, und präparieren es sorgfältig für den jeweiligen Zweck. Hühner werden abgeflämmt und bratfertig zusammengebunden, Fische ausgenommen und geschuppt. Obst und Gemüse entstammen zwar dem gleichen Großmarkt wie die bei uns angebotenen Produkte der Handelsklasse A. Aber auf jedem Markt finde ich auch die Bäuerin, die junge dicke Bohnen (*fèves*) als enthäutete Einzelkerne anbietet. Die handgerollten Ziegenkäse und, je nach Landschaft, die Würste, das Olivenmus, die wilden Kräuter, Tauben, Trüffel, eingemachte Entenbeine, Gänsemett (*rillette*), Lavendelhonig – kurz, der eßbare Reichtum des Landes ist bei unseren Nachbarn immer noch in größter Vielfalt und bester Qualität vorhanden. Sogar in den gräßlichen Supermärkten sind Dinge zu finden, für die man bei uns die raren Spezialgeschäfte der Großstädte aufsuchen muß.

In Paris, wo für riesige Supermärkte kein Platz ist, existieren sie ja nach wie vor, die verführerischen Märkte und die unzähligen, spezialisierten Tante-Emma-Läden. Und warum fahren deutsche Transporteure täglich nach Rungis? Warum kaufen sie die Hummer nicht in Hamburg, die foie gras nicht in Freiburg, und warum stammen die besten Hühner immer noch aus der Bresse und auch die besten Rinder immer noch von jenseits der Grenze? Und obwohl doch unsere Winzer inzwischen viel Gutes produzieren, tragen die großen Weine der Welt immer noch französische Namen. Nein, Gott lebt immer noch in Frankreich. Und der Gast ist sein Prophet.

Es stimmt zwar auch, daß in den berühmten französischen Restaurants der 3-Sterne-Klasse erschütternd selten besser gekocht wird als bei unseren Spitzenköchen. Und auch in der Kategorie darunter fragt man sich manchmal, wo denn hier die Kochkunst, und wieso, und das wäre bei uns doch ...

Aber: Eine Nation ist nicht deshalb kulinarisch, weil ihre Köche in den Küchen tolle Kunststücke machen. Sondern weil sie die Lust am Essen bei jeder Gelegenheit auslebt. Und das gelingt uns Ganz- und Dreiviertelprotestanten nicht. Bei uns sind Feinschmeckerlokale nicht mit feiernden Familien gefüllt, sondern mit Kunstbetrachtern. Wer bei uns ein Stück Hummer in den Mund steckt, versucht sich zu erinnern, wo er Hummer schon besser oder schlechter gegessen hat. Der wahre Kulinariker aber denkt lediglich daran, daß er morgen tot sein kann und genießt doppelt.

Wenn ich in Frankreich die Familien tafeln sehe (nicht die Geschäftsleute, die leiden weltweit unter Sodbrennen), dann weiß ich, daß sie nicht von der Überlegung gequält werden, ob es bei der Konkurrenz vielleicht besser oder wenigstens billiger gewesen wäre. Sie denken nicht, sie essen und freuen sich des Lebens.

Darin liegt der ganze Unterschied. Kann ja sein, daß sie weniger anspruchsvoll sind und sicherlich nicht so kritisch wie wir. Aber sie haben mehr vom guten Leben. Außerdem wissen sie bei vielen Dingen besser Bescheid als deutsche Konsumenten. Mögen sie auch zu Hause zwischen Tiefkühltruhe und Mikrowelle pendeln, über die Qualität eines regionalen Käses, eines lokalen Weins müssen sie nicht belehrt werden. Das gehört zu den Traditionen, die weitergegeben werden von Generation zu Generation.

Bei unseren Traditionen handelt es sich nie um kulinarische Dinge, und bei einigen wäre man sogar froh, wenn sie nicht weitergegeben würden.

Es ist wie mit Jil Sander, Joop und Escada – alles erstklassige deutsche Modehäuser. Gemacht wird Mode jedoch in Paris, von den Namen, die jeder kennt. Und die Haute-Cuisine wird auch in den USA und in Japan *Haute-Cuisine* genannt und nicht, auf Deutsch, *Hochküche*. Das war so, ist so und wird auch so bleiben. Trotz *Steak frites*, *Pizza* und *Croque monsieur*.

Magie muß sein

Es muß mehr am Picknick sein als Ameisen von unten und Wespen von oben. Die Bereitwilligkeit, mit der selbst stubenhockende Intellektuelle sich die Landluft als kulinarisches Stimulanz einreden lassen, ist nur durch Magie zu erklären. Denn es gibt zehnmal so viele Gründe, die gegen ein Essen in der Natur sprechen, wie Argumente dafür.

Nichts, aber auch gar nichts schmeckt besser, wenn ich es auf dem Boden hockend essen muß. Kein, wirklich kein einziger Mensch wirkt vorteilhaft, wenn er mit verrutschter Kleidung in unnatürlicher Haltung halb liegend, halb sitzend an der Hühnerkeule nagt. Also Magie.

Die Sonne kann es nicht sein. Unsere Freizeitgesellschaft lebt schon seit langem in dem Wahn, unter brennender Sonne auf den abgasverpesteten Straßen südlicher Städte an zu kleinen Tischen teure Spaghetti essen zu müssen, um glücklich zu sein. Anschließend legen sie sich wieder in die Sonne, wozu sie sich nicht einmal ausziehen müssen, weil die Sonnensüchtigen ohnehin halbnackt gegessen haben.

Die total nackte Dame auf Manets berühmten Bild sieht nicht so aus, als habe sie *Spaghetti bolognese* gegessen. Sie sieht überhaupt nicht wie eine Dame aus, sondern wie ein Modell, das ein Maler zwischen zwei angezogene Herren gesetzt hat. Deshalb ist es ein so schönes Bild und geeignet, erfolgreicher für ein Picknick zu werben, als die Hersteller von Tomatenketchup mit ihren Werbespots.

Dieser Abstecher in die Kunstgeschichte erklärt leider auch nicht, was das Essen auf der Wiese so populär macht. Vielleicht ist es gar nicht populär. Vielleicht wollen nur die Hersteller von Picknickkörben, daß es populär werde!

Gewiß sieht man Leute picknicken. Sie sitzen auf den Rastplätzen der Autobahn in Frankreich und in der Schweiz an einbetonierten Holztischen auf diebstahlsicheren Bänken und futtern. Diese Leute haben meine Sympathie, weil sie offensichtlich die eigenen Butterstullen der Salatschüssel in den Raststätten vorziehen. Ein schöner Anblick sind sie trotzdem nicht, auch wenn sie, häufiger als andere Reisende, feste Schuhe an den Füßen tragen. Zum Kummer der einschlägigen Industrie kommen sie als Käufer von Picknickkörben nicht in Frage, da sie ihre Viktualien in Plastiktüten aus dem Auto holen.

Wer nun setzt sich wirklich den tollwütigen Ameisen aus? Wer kühlt den Wein und den Wespenstich im nahen Bach? Leben unter uns tatsächlich so viele Äquilibristen, daß ihresgleichen, mit links der Libelle winkend, rechtshändig Weinglas und Teller balancierend, während sie, dem Gravitationsdrang der Bluse trotzend, genußvoll das Wachtelei cum Caviar zum Munde führen - sind ihrer so viele, daß die Picknicker den Umsatz der Korbhersteller entscheidend steigern können? Offenbar ja. Weil Magie im Spiele ist.

Normal ist sie nämlich nicht, diese freiwillige Kasteiung. Zwar hat sich herausgestellt, daß der Mensch die Primitivität höher schätzt als die Verfeinerung. Jede im Flugzeug auf dem herausgeklappten Plastikbrett des Vordersitzes verzehrte Mahlzeit zeugt davon. Jeder frohgemute Biß in die Currywurst ist ein Beweis dafür. Aber Magie ist überall dabei im Spiel. Und wenn es nicht Zauberei ist, dann eine Humanversion des Rinderwahnsinns.

All dies erkannt zu haben, schreibe ich mir als Verdienst zu. Rätselhaft bleibt lediglich, daß ich selber gern picknicke. Zugegeben mit einigen Hilfsmitteln, auf die ein geübter Zen Buddhist verzichten könnte: Klappstuhl, Klapptisch und Klappmesser. (Letzeres dient nicht der Bequemlichkeit, sondern ausschließlich dem Stabreim.) Ich halte auch eine Hängematte für nützlich, sowie jemanden, der sie schaukelt, während ich drin liege. Den Wein, darauf lege ich wert, besorge ich. Aber um das dreckige Geschirr will ich mich nicht kümmern müssen. Kleinkinder und Kofferradios sind unauffällig zu entsorgen; kalte Koteletts und Kiwis bleiben im Kofferraum. (Diesmal war der Stabreim unvermeidlich.)

Ansonsten müssen sein: Hartgekochte Eier; Salami, Oliven, Schinken; Ölsardinen; Olivenpaste (Tapenade); Kartoffelsalat; Obst und Käse. In der Business Class sind vonnöten: Wild- und Fischterrine; Räucherlachs und -aal; Brathuhn; eingelegter Ziegenkäse; Gugelhupf.

In der 1. Klasse wird zusätzlich serviert: Melone; Stockfischpüree; gekochte Krebse und Hummer; eingelegte Artischockenböden; gebratene Tauben; Roastbeef; Rehrücken; Stilton mit Portwein; Erdbeertörtchen.

Für unerläßlich halte ich die konsequente Absage an jegliches Plastikgerümpel, Pappteller und Billiggläser. Weinflaschen bleiben kühl, wenn man sie in nasses Zeitungspapier einwickelt. Bei Regen findet die Veranstaltung auf den Rücksitzen statt.

Die Gebrüder Lustig

Insgeheim habe ich mich immer gefragt, was die beiden wohl gemeinsam haben könnten, der große Dicke und der kleine Dünne, der volkstümliche Generalist und der literarische Ästhet. Daß sie händchenhaltend in der Öffentlichkeit gesehen wurden, brachte mich zeitweise auf eine falsche Spur. Ihre politische Übereinstimmung, anläßlich der deutschen Wiedervereinigung oder ihr Bekenntnis zu Europa, kann man vergessen. Sie würden morgen alles widerrufen, wenn es zusätzliche Wählerstimmen brächte.

Nein, es ist die Naschhaftigkeit, die sie als Brüder im Geiste ausweist; die Fotos aus Paris dokumentieren es. Natürlich war bekannt, wie gerne er ißt, wie er zu viel ißt, unser Pfälzer, und wie er verzweifelt hungert, um danach wieder viel essen zu können. Seine Lieblingsgerichte findet er beim Italiener in Bonn und Bad Godesberg, und wenn er Gäste hat, schleppt er sie nach Deidesheim und läßt ihnen Saumagen servieren. Er tut das ohne Tücke, im stolzen Bewußtsein, diesen kulinarischen Zwergen mal gezeigt zu haben, was es mit der deutschen Küche wirklich auf sich hat. Da dazu Pfälzer Rieslinge getrunken werden, ist ihm eine böse Absicht tatsächlich nicht nachzuweisen. Dennoch muß man davon ausgehen, daß solche Essen bei seinen Gästen manchen hilfesuchenden Rülpser ausgelöst haben.

Ganz anders, wenn er mit François Mitterrand frühstückt, wie das im offiziellen Sprachgebrauch heißt, auch wenn es sich dabei um ein sechsgängiges Mittagessen handelt. Jetzt also haben die beiden wieder zugeschlagen, am Abend vor dem Gipfel in Maastricht, in einem kleinen Restaurant in Paris, wenige Schritte von den Champs-Élysées entfernt.

»Le Pichet« ist fast ein Bistro, also keineswegs ein Gourmet-Tempel, und man darf vermuten, daß sie dort in der Küche besser mit Kalbskopf umgehen können als mit Kaviar. Vielleicht hat er das ein wenig bedauert, unser Kanzler, weil er ja, wie uns Herr v.

Brauchitsch verriet, ein großer Freund der grauen Perlen ist, die er sich von dem Industriellen auch schon mal durch einen Chauffeur ins Haus schicken ließ. Aber François, der Liebhaber der Schönen und des Guten, wird schon wissen, wo es seinem Freund Helmut schmeckt.

Über Folgendes also haben sie sich gutgelaunt hergemacht: Rohe Jakobsmuscheln und Lachs, gefolgt von gegrillten Langostinos. Danach bestellten sie Unterschiedliches: Ein Tartar vom Thunfisch für Mitterrand, für Kohl Steinbutt mit Pilzen. Daß letzteres von einer nicht zu mageren Sauce begleitet wurde, darf man voraussetzen. Der Franzose ließ es bei seinem Hackfisch bewenden, während der frankophile Pfälzer, getreu dem Motto »Die Garde stirbt, aber sie ergibt sich nicht«, noch einen baskischen Schafskäse und danach eine warme Blätterteigtorte mit Äpfeln verdrückte.

Merkwürdig – jedenfalls für einen Rieslingtrinker merkwürdig – ist der Umstand, daß zu allen Gängen Rotwein getrunken wurde. Anständige Rotweine zwar (deren bester, ein 1978er Mouton-Rothschild, vom Wirt spendiert wurde), aber immerhin: hier paßte sich der Weißweintrinker den Sitten und der Partei seines Gastgebers an und trank Rot. Wenn das keine Freundschaft ist!

Wie die beiden Zecher, die den Mantel der Geschichte ganz offensichtlich an der Garderobe abgegeben haben, die Gläser schwenken, wie sie mit leicht geröteten Gesichtern das Leben genießen, das erfüllt mich mit Beruhigung. Wem die Freude an den schönen Dingen des Lebens so deutlich anzumerken ist, drückt, wie ich meine, nicht so schnell auf den roten Knopf.

Hat nicht soeben ein Benediktiner-Pater die Freunde kulinarischer Genüsse öffentlich in Schutz genommen und den Verzicht auf verfeinertes Essen als Fehler der Christen denunziert? Es sei »gottgewollt, daß der Mensch sich nicht nur ernährt, um zu leben, sondern auch trinkt, um zu genießen«. Mir scheint, unserem dicken Pfälzer und dem kleinen Franzosen muß man das nicht zweimal sagen.

Es ist diese Einsicht nicht die schlechteste. Ich sage das nicht, weil es auch meiner Weltsicht entspricht, sondern weil ich aus Erfahrung weiß, daß an einem wohlgedeckten Tisch eventuell viel Humburg gequasselt wird, daß aber Irrtümer mit katastrophalen Folgen eher von den Asketen hinter aufgeräumten Schreibtischen begangen werden.

Deshalb sehe ich in den Fotos aus dem Pariser Bistro ermutigende Dokumente einer Zivilisation mit menschlichem Antlitz. Kann man von Politikern mehr erwarten?

Ob schwarz oder roh

In der Basler Innenstadt wirbt ein Metzger für seine grillfertigen Fleischstücke mit der geschriebenen Aufforderung: »Mut zur Glut«. Der Mann hat erkannt, daß Grillen eine Angelegenheit für Mutige ist, so wie es eines Siegfrieds bedurfte, der den Kampf mit dem Drachen aufnahm.

Grillen hat etwas von diesem Drachen: Feuer und Rauch, Gestank und Lebensgefahr. Warum der furchtlose Siegfried dem Drachen auf den Pelz rückte, haben wir längst vergessen; ebenso ist der Zweck des Grillens nebensächlich. Ob das Fleisch schmeckt oder nicht, ist dem furchtlosen Griller egal. Ihm geht es ums Grillen selbst.

Deshalb stehen im Sommer die Schwaden des in der Glut verbrennenden Fetts wie ein Nebel über den bürgerlichen Wohnvierteln unserer Ortschaften. Wer Kinder in Euphorie versetzen und Erwachsene zu Kindern machen will, der veranstaltet eine Grillparty. Grillen ist die Rache der Mieter am Nachbarn.

In kulinarischer Hinsicht ist das Garen von Lebensmitteln auf dem Grill, was die Anlasserkurbel im Automobilbau war: mühsam, uneffektiv und sogar gefährlich. Dennoch ist es mit ziemlicher Sicherheit von allen Kochtechniken die beliebteste; jedenfalls bei Männern.

Oder hat man je gehört, daß Frauen, welche ein so viel besseres Gespür haben für das, was sinnvoll und notwendig ist, daß eine Frau den Vorschlag gemacht hätte: Laßt uns im Garten grillen? Nein, wir Männer sind es, wir allein. Das ganze Jahr haben wir uns in der Küche nur blicken lassen, wenn wir im Kühlschrank eine Flasche Bier vermuteten. Doch an den Wochenenden eines heißen Sommers erscheinen Männer plötzlich beim Metzger und kaufen Fleisch.

Die darauf folgenden Vorbereitungen zur Grillparty unterscheiden sich wenig von den Vorbereitungen zur Silvesterknallerei. Männer machen sich gerne wichtig. In diesem Fall verursachen sie am Grillplatz ein ausgeklügeltes Chaos. Wenn dann, nach vielen Flüchen und geleerten Bierflaschen, die Holzkohle glimmt, geben sie sich der folgenschweren Illusion hin, nun sei der wichtigste Teil geschafft. Das rächt sich.

Denn technisch gesehen ist Grillen die schwierigste Methode, Lebensmittel in Leckereien zu verwandeln. Sogar am Mittelmeer, wo routinierte Köche täglich tausende von Fischen grillen, zeichnen sich 99 Prozent der Fische dadurch aus, daß ihre Haut verbrannt und ihr Fleisch trocken ist. Auf unseren Volksfesten ist es wiederum der Petroleumgeschmack, der den beliebten Würsten ihr charakteristisches Aroma verleiht – von der Wirkung der schwarzen Brandstellen auf unsere Gesundheit ganz zu schweigen.

Doch wie wir nun einmal sind, lassen wir uns einen Spaß durch nichts und gar nichts verderben. Der Spaß am Grillen ist der Spaß am Zündeln und daran, mit den Fingern zu essen. Das archaische Lebensgefühl – als Rustikalität verehrt – lassen wir uns nicht wegzivilisieren, weder durch Mikrowelle noch durchs Umweltbewußtsein.

Das hat viel mit Romantik zu tun, mit Nostalgie und der Sehnsucht nach dem einfachen Leben. Nur eben nicht mit dem, was eigentlich der Sinn einer aufwendigen Küche ist: mit der Verbesserung unseres Essens. Denn was kommt dabei heraus? Im besten Fall ein Stück Fleisch, das außen angebrannt und innen halbroh ist. Meistens aber ist es außen total schwarz und innen trocken.

Macht das was? Es macht nicht das geringste. Denn die Griller sind glücklich, denn die Griller sind froh, sie verputzen ihr Schnitzel, ob schwarz oder roh.

Animierend wie ein Porno

Wie viele Kochbücher braucht der Mensch? So viele wie möglich, sagt der Buchhandel. Und noch ein paar mehr, ergänzen die Verleger. Der Autor zählt die Rücken seiner Werke und präzisiert: zwölf!

In meinem Elternhaus gab es kein einziges. Vielleicht war das der Grund, warum mein Vater Haus und Hof verließ und sein Glück in der Fremde suchte. Soweit ich mich erinnere, war die Fremde schwarzhaarig und rauchte wie ein Schlot. Daß sie ein Kochbuch besaß, ist möglich. Aber gekocht hat sie nicht. Sie hatte eine Köchin.

Früher hatten Leute Köchinnen, wie wir Zweithäuser in der Toskana haben. Eine Köchin ermöglicht es der Hausfrau, sich mehr dem Hausfreund zu widmen. Im Zweithaus muß sie Dinge tun, die zu Hause die Putzfrau macht. Es waren einfach bessere Zeiten, damals.

Ich weiß nicht, wieviele Kochbücher ich habe. Ungefähr zehn Meter. Davon sind neuneinhalb Meter überflüssig. Nicht weil es schlechte Kochbücher wären, sondern weil es mir zu lästig ist, in mehr als zwölf Büchern nachzulesen, wie man ein Kaninchen schmort.

Mein erstes Kochbuch war »Was Männern so gut schmeckt« von Lilo Aureden. Es erschien in den fünfziger Jahren und hatte nicht die geringste Ähnlichkeit mit den Rezepten, nach denen unsere Mütter gekocht hatten. Ich las zum ersten Mal etwas über Fisch mit Curry; Rosenkohl mit Zitrone und Parmesan; Lammragout; Wirsing mit Nüssen und Nudeln, sowie andere damals unbekannte Dinge, die ich als Ausflüge in die Exotik (›Serbisches Reisfleisch‹) empfand. Dabei war diese Rezeptsammlung nichts anderes als der Einstieg in die Neue Küche. Ein billiges Taschenbuch ohne Illustrationen, in seiner Wirkung auf unsere Kochgewohnheiten aber entscheidender als alle großformatigen Prachtbände später.

Gute Kochbücher sollen sein wie Pornografie. Nach der Lektüre sollte man sich unverzüglich ans Werk machen wollen. Verführerisch sind vor allem die Bilder. Manchmal versprechen sie mehr, als das Rezept hält; manchmal entlarven sie den Koch als dümmlichen Dekorateur. Was man aus den Rezepten nur mühsam herauslesen kann, machen die Freß-Fotos der letzten zwanzig Jahre auf einen Blick deutlich: die Abhängigkeit der Küche von der Mode.

Die wird zur Zeit vom Rustikal-Deftigen geprägt. Doch mit den saftigen und herzhaften Aufläufen in den Tonschüsseln ist es wie mit den Kleidern von Yves Saint-Laurent: Man kennt sie nur von Abbildungen. In der Realität der Restaurants herrscht das Banale vor. Oder, bestenfalls, die Mode von gestern.

Nougat, das unbekannte Leckere

Damals, als es die Autobahn noch nicht gab, fuhren die Touristen auf ihrem Weg nach Süden über die Nationalstraße Nr. 7 durchs Rhônetal. Da es noch nicht so viele Touristen waren wie heute, hielt sich das Chaos in Grenzen. Wenn man durch die Städte fuhr – Umgehungsstraßen waren noch nicht erfunden –, fand man immer einen Parkplatz und somit Gelegenheit, eine alte Kirche, einen bunten Markt oder andere Sehenswürdigkeiten zu besichtigen, von deren Existenz die wenigsten wissen, die heute über die Autobahn von Beaune nach Barcelona brettern.

Was einem ins Auge fiel, wenn man in Montélimar ankam, war das Wort ›Nougat‹. Nougat auf allen Schildern, an allen Hauswänden; Nougat an den Tankstellen und in den Cafés. Nougat de Montélimar war und ist vergleichbar mit Aachener Printen und dem Münchener Oktoberfest: untrennbar verbunden durch Tradition und Werbung.

Damals war ich jung genug, um mir bei dem Wort Nougat erwartungsvoll die Lippen zu lecken. Nougat kannte ich als samtige, dunkelbraune Füllung von Pralinen, die widerstandslos auf der Zunge zerging; unter den süßen Leckereien eine der köstlichsten. Ich war dann nicht wenig erstaunt, als sich der Nougat in Montélimar als weiße Stangen mit halbierten Nüssen herausstellte. So etwas hatte ich zu Hause auf Jahrmärkten gesehen, in Gesellschaft von Türkischem Honig und Zuckerwatte. Tatsächlich war dieser Nougat hier nicht von der Sorte, an die ich noch Monate später mit Sehnsucht denken würde. Er hatte die Konsistenz einer Apfelsinenkiste und attackierte die Zahnplomben des neugierigen Touristen. Wir wurden keine Freunde.

Zehn Jahre später – genau: 1966 – gründete ein Algerienfranzose spanischer Herkunft in Montélimar eine Bäckerei. Vorher hatte er bereits im elterlichen Betrieb die Geheimnisse des süßen Handwerks gelernt: er war ausgebildeter Patissier. Den letzten Schliff holte er sich in Basel auf einer Fachschule für Zuckerbäcker. Der junge Mann hieß Albert Escobar, nahm sich eine Frau und begann Karriere zu machen. Zunächst buk er Baguettes und allerlei süßes Gebäck. Ohne Hilfskräfte. Irgendwann muß er dann, wie ich ein Jahrzehnt davor, auf eine Nougatstange gebissen haben. Während ich seitdem den Nougat mied, reagierte er anders. Er schaltete den Backofen ab und produzierte nur noch Schokolade, Pralinen und, weil das in Montélimar unvermeidbar ist, auch Nougat. Damit begann sein Aufstieg, der zwölf Jahre später darin gipfelte, daß ihm der Titel *Meilleur Ouvrier de France* verliehen wurde. Konditoren und Köche, die damit ausgezeichnet werden, lassen ihn sich auf die Visitenkarte drucken.

Wie der Nougat auf die Welt kam, ist selbst seinen Propagandisten nicht ganz klar. Aus Asien, sagen sie und verweisen auf den Mandelbaum. (Mandeln sind der wichtigste Bestandteil der Süßigkeit.) Wahrscheinlich schleckten schon die alten Griechen den Nougat; jedenfalls haben sie Mandelbäume angepflanzt. Das tat dann über anderthalb Jahrtausend später ein französischer Landedelmann in der Umgebung von Montélimar. Da dort auch der Lavendel in großen Mengen wächst, was wiederum die Bienen zur notwendigen Honigproduktion animiert, ist anzunehmen, daß die naschhafte Menschheit des siebzehnten Jahrhunderts dort den ersten europäischen Nougat kochte.

Wirklich nachweisbar ist er erst im Jahr 1701. Damals reiste Philippe von Anjou, ein Enkel Ludwig XIV., mit einigen Verwandten durch die Provençe. Wie das so üblich war, kündigte er den Bürgermeistern und Statthaltern sein Kommen frühzeitig an, damit die den roten Teppich klopfen und ausrollen konnten. Zu den Geschenken, mit denen er und seine Begleitung in Montélimar empfangen wurden, gehörten mehrere Kilo weißer Nougat. Darüber gibt es Dokumente, woran die lange Tradition der französischen Bürokratie zu erkennen ist, sowie die Existenz einer Nougatmanufaktur in der Stadt, die heute, fast dreihundert Jahre später, die Metropole des Nougat ist.

Es gibt natürlich nicht nur harten Nougat. Er ist auch nicht immer weiß. Mancher Nougat ist so delikat, so einmalig köstlich, daß er zu den feinsten Süßigkeiten gehört, die sich ein Leckermaul zu Weihnachten wünscht. Merkwürdigerweise ist die Edelversion des Nougats bei uns unbekannt, obwohl sie sich bei Zimmertemperatur zwei Monate hält, also ein ideales Reisemitbringsel ist: Mit Likör parfümiert, durch Orangenstückchen verfeinert, unter Bitterschokolade, mancher Nougat von undefinierbarem Aroma und vor allem: nur schwach gesüßt. Von diesen ist hier die Rede, also von Monsieur Albert Escobar.

Im Prinzip besteht Nougat aus Honig, Zucker, Eiweiß, Mandeln, Pistazien und Vanille. Der Honig wird mit etwas Wasser geschmolzen, das geschlagene Eiweiß untergezogen. Dann kommt der Zucker als Stabilisator in die Masse, welche entweder bei 120

Grad gekocht wird, wenn der Nougat weich, oder bei 150 Grad, wenn er hart werden soll. Mandeln und Pistazien werden zum Schluß zugefügt. Abgekühlt hat die Masse Ähnlichkeit mit einem Kuchenteig, wird ausgerollt und entweder in Stangen oder mehrere Formate geschnitten.

Nun gibt es, wie gesagt, erhebliche Unterschiede in der Qualität dieser Süßigkeit. Sie erklären sich durch die Auslegungen des Grundrezeptes durch die einzelnen Hersteller. In welchem Verhältnis Honig und Zucker verwendet wird, ob es reiner Lavendelhonig ist oder nicht, die Qualität der Eier – kurz, wie immer bei der Herstellung handgemachter Produkte, seien es Würste oder Schuhe, sei es Wein oder Brot, entscheidet das Qualitätsgefühl eines einzelnen über den Rang seiner Erzeugnisse. Und wenn dieser eine besessen ist von der Suche nach den besten Zutaten, und ohne Rücksicht auf Mühe und Kosten das Beste erreichen will, was überhaupt zu erreichen ist, dann darf man sicher sein, es mit einem jener Handwerker zu tun zu haben, deren Produkte unserer Zivilisation zur Zierde gereichen.

So einer wird zwangsläufig über die Grenzen seines Viertels, seiner Stadt bekannt; er reiht sich ein in die Förderer unserer Lebensqualität. Monsieur Albert Escobar, *chocolatier* und Inhaber eines Handwerksbetriebs mit 14 Angestellten in der Nougatstadt Montélimar, gehört dazu.

Wie Austern, nur billiger

Die Grille ist ein Allesfresser, was ihre Fütterung relativ einfach macht. Vorher müssen Sie sie natürlich erst einmal fangen, sofern sie nicht in der nächsten Tierhandlung vorrätig sind. Dann brauchen Sie einen beheizbaren Kasten mit einem Mückengitter, denn Grillen haben es gerne warm. Unerläßlich ist ein mit Sand gefüllter Topf. Das ist der Legeplatz, wo die Grillen ihre Eier legen. Wie alle Insekten, vermehren sie sich schnell. Ein Weibchen kann Tausende von Eiern legen. Aus einem Dutzend Grillen werden im Laufe eines halben Jahres so viele, daß sie mit ihnen eine größere Vorratskammer füllen können. Das ist dann die richtige Menge, die für den Proteinbedarf einer Familie ausreicht.

Bruno Comby, in dessem Buch ich die Anleitung zur Grillenzucht gefunden habe, ißt sie am liebsten roh. Man kann sie aber auch in heißem Öl fritieren. Keine Grille schmeckt genauso wie eine andere. Manchmal ähneln sie überbackenem Spinat oder Bratkartoffeln, Hechtklößchen, panierten Schnitzeln...

Der Autor des Buches ist Franzose, was nicht überrascht. Dennoch propagiert er den Verzehr von Insekten nicht aus kulinarischen Gründen, sondern weil er Insektenessen für gesund hält, und weil es die Affen, unsere Vorfahren, heute noch tun. Ganz oben auf seinem Küchenzettel stehen Termiten. Die sind besonders gesund und bekömmlich. Leider neigen sie zu Ausbruchsversuchen aus ihren Käfigen, und nur wenige, die eine alte Barockkommode haben, können sich mit dem Gedanken an frei herumnagende Termiten anfreunden.

Dann lieber Bienenlarven, meint Bruno Comby. Sie sind die Lieblingsspeise des vernaschten Wissenschaftlers. Schmecken wie Pfannkuchen mit Honig und Milch, schreibt er, und mir läuft beim Lesen das Wasser im Mund zusammen. Oder Heuschrecken! Die Großen sollte man besser ohne Kopf und Beine essen, meint er. Zwar steckt Monsieur Comby Larven und Raupen lebendig in den Mund, gibt aber zu, daß manche Menschen es nicht gern auf der Zunge spüren, wenn sich da etwas bewegt. Deshalb rät er: Kopf ab.

Gänzlich ruhigstellen kann man Insekten, indem man sie vor dem Verzehr kocht oder röstet. Sogar der Bürgermeister von Paris, Jacques Chirac, war begeistert; an die »köstlichen, auf Insektenbasis zubereiteten Speisen« denkt er besonders gern zurück.

Hier sind einige seiner (des Insektenessers) Vorschläge, die jeden Feinschmecker aufhorchen lassen:

»Springende Pfannkuchen« – dabei werden feingehackte Grillen unter den Teig gemischt.

»Grillen-Pastete« – zerdrückte Grillen werden mit verschiedenen Kräutern und Margarine verknetet und in einer mit Speck ausgelegten Form 30 Minuten gebacken.

»Grashüpfer-Ragout« – wie ein Fleischragout zubereiten.

»Larven-Suprème« – Larven werden bei niedriger Hitze zu brei gekocht. Mit Butter verfeinert, paßt das Püree gut zu Fisch, schmeckt aber auch kalt auf Kräckern.

»Fritierte Raupen« – werden in Mehl gewälzt und in Öl ausgebacken. Mit Salz als Vorspeise, gezuckert als Dessert.

Daß der Propagandist des Insektenessens ein wählerischer Gourmet ist, gibt er zu erkennen, wenn er zwar davon schwärmt, daß sich pro Jahr und Hektar 800 Bruttotonnen Fliegenmaden züchten ließen, diese jedoch leider etwas nach Sägemehl schmeckten, weshalb er, was ihre Popularisierung angehe, gewisse Bedenken habe.

Da scheint er mir zu kleinmütig. Viele unserer Lebensmittel schmecken wie Sägemehl. Mit Joghurt verrührt, mit Rosinen, Nüssen und Trockenobst vermischt, sind sie jedoch beliebt bei jung und alt. Welcher Außerirdische würde beim Probieren einer Scheibe Käse oder nach einem Biß in eine Tomate vermuten, daß so etwas bei uns als köstlich angesehen wird?

Auf einem der sein Buch illustrierenden Fotos sieht man den Autor mit einer afrikanischen Heuschrecke zwischen den Zähnen. Es ist eine Großaufnahme, und man erkennt deutlich, daß er ihr den Kopf nicht abgerissen hat. Bruno Comby demonstriert damit wie nebenbei, daß zwischen einer Heuschrecke und einer Auster kein Unterschied besteht.

Er sieht in den Insekten eine unerschöpfliche Quelle für die gesunde Ernährung (so der Untertitel seines Buches), die besonders für die Hungernden der Dritten Welt von großem Nutzen sein könnten. Und da sich Insekten leichter züchten lassen als Austern, wären die Bewohner Afrikas gut beraten, wenn sie noch heute mit der Termitenzucht beginnen würden.

Leider gibt es viele Menschen, die sich davor ekeln, Insekten in den Mund zu stecken. Diesem Umstand verdanken wir die Ameisen in der Marmelade und die Kakerlaken im Bad. Und das Buch von Bruno Comby.

Der eigentliche Pudding

Die Franzosen, das muß der Neid ihnen lassen, haben immer schon mehr übers Essen geschrieben als andere. Schön geschrieben dazu, mit der gleichen Verfeinerung ihre Syntax würzend, wie sie sie den getrüffelten Kapaunen und ihren kunstvollen Saucen angedeihen lassen. Eine Nation von Gourmets wird zwangsläufig auch Dichter und Denker hervorbringen, die sich nicht zu schade sind, einem Hecht in Rahmsauce wohlgefällige Jamben zu widmen.

Zwar haben auch zwei deutsche Herren, nämlich Karl Friedrich von Rumohr und Eugen von Vaerst, die subtilen Genüsse der Tafel mit Worten gepriesen, denen anzumerken ist, daß die Autoren nicht nur theoretisierten, sondern wußten, wovon sie schrieben. Doch muß man die beiden, so schwer dies einem

Landsmann fällt, ehrlicherweise als rühmliche Ausnahmen ansehen, wie ja überhaupt die Freß-Anekdoten aus dem deutschen Hausschatz nicht durch übermäßige Verfeinerung gekennzeichnet sind. Allenfalls war es Masse (Bismarcks Austernvernichtungskriege bei Tisch), oder es handelte von preußisch-protestantischer Sparsamkeit (das recht bescheidene Festessen, das der Konsul Buddenbrock seinen Gästen gab).

Es ist also, erstens, naheliegend, daß ein französischer Philosoph das beliebte Dauerthema aufgreift und über die Lust des Herunterschluckens schreibt, und, zweitens, verständlich, daß er sich als beispielhafte Schlucker die Philosophen ausgesucht hat.

Zufälligerweise interessieren uns die Eßgewohnheiten von Philosophen mehr als die Rülps-Riten von, sagen wir, Frisören. Dabei gehe ich jede Wette ein, daß auf einen Philosophen, der heute ein Gourmet-Restaurant besucht, zwanzig Frisöre kommen. Außerdem zahlen letztere unvergleichlich mehr Steuern als Philosophen und kurbeln damit den Wohlstand an, ohne den kein gehobener Konsum möglich wäre. Und Feinschmeckerei ist zunächst und vor allem gehobener Konsum.

Kann sein, daß Michel Onfray, das auch meint. Als Philosoph findet er jedenfalls, daß »der Körper der einzige Zugang zur Erkenntnis« sei. Ein schönes Wort, das ich mir, Leser philosophischer Traktate, der ich bin, auch in einer anderen Version vorstellen kann, Etwa so: ›Der Zugang der Erkenntnis des Körpers ist einzig‹. Oder ›Der einzige Zugang ist der Körper zur Erkenntnis‹. Ich will damit auf die großartigen Verwendungsmöglichkeiten philosophischer Gedankengänge hinweisen.

Verwunderlich bleibt indessen, daß sie nicht erklären, wieso sechs Hausfrauen, die nach demselben Rezept ein Gulasch kochen, sechs verschieden schmeckende Resultate produzieren. Man mag das ein profanes Problem nennen. Aber Kochen und Essen sind profane Angelegenheiten – die allerdings großen Spaß machten. Daß man sie benutzen kann, um schöne und philosophische Bücher über sie zu schreiben, macht sie vielseitig verwendbar wie ein Huhn. Jedoch wird dadurch aus dem Huhn noch lange keine Nachtigall.

Die Philosophie arbeitet mit den Mitteln der Bedeutungsvertiefung. Sie verwandelt *alles* in Nachtigallen. Die Frage nach dem Sinn des Seins und des Seienden läßt sich mühelos auf jedwedes Ding anwenden, das mehr wiegt als 20 Gramm und sich nicht in heißem Wasser auflöst. Also auch auf die Einstellung der Philosophen zum Essen, zum Massensport, zum amerikanischen Kino und dergleichen.

Michel Onfray hat das Essen gewählt, weil er, Franzose der er ist, mühelos ein Cassoulet aus Toulouse von einem Cassoulet aus Castelnaudary unterscheiden kann, während unsereins noch über den Unterschied zwischen einem Mailänder und einem Wiener Schnitzel grübelt. Er hat sich sieben Philosophen vorgenommen und jedem ein kleines Kapitel gewidmet und um ihre mehr oder weniger banalen Eßgewohnheiten ein feines Zuckerwerk von philosophischen Gedanken gesponnen. Die Grundtendenz seiner Kommentare liegt in der nicht gerade neuen Erkenntnis, daß die Ablehnung des Genusses mit der Askese verwandt und letztlich antizivilisatorisch sei.

Als Beispiele dienen die Kapitel über den Furzer Diogenes und den milchtrinkenden Plebejer Rousseau, von denen eine gerade Linie zum Vegetarier Hitler führt. Nietzsche ist der inkonsequente Polterer, der einerseits seinen deutschen Landsleuten ihre schwere und fette Küche vorwirft sowie das Fehlen von Qualität, den Mangel an Flexibilität, Feinheit, Leichtigkeit, und ihnen als Vorbild die (keineswegs feine, leichte) Küche des Piemont empfiehlt; der andererseits Zeit seines Lebens auf deftige Würste und Schinken versessen war.

Kant beschäftigte sich viel mit der Unmäßigkeit beim Genuß, wozu ihn, den hypochondrischen Preußen, offenbar ein einmaliger Vollrausch traumatisierte. Nichtsdestoweniger führte er einen gastfreundlichen und ausgeklügelten Mittagstisch, wo er seine Gäste unter anderem auch damit beeindruckte, daß er ein Stück Kabeljau auskaut und auf den Teller zurück legt.

Ein anderer Schlucker von beträchtlicher Nonchalance war Sartre, der jahrelang im Pariser La Coupole aß, was ihn in meinen Augen zum Ehrenmitglied der Stoiker macht, und überhaupt so ziemlich alles schluckte, was man ihm vorsetzte, sofern es keine Muscheln und Austern waren. Er hätte sich gewiß auch in einer der McDonald-Filialen wohlgefühlt, die neuerdings zum Wahrzeichen von Paris geworden sind.

Mein Favorit unter den schluckenden Philosophen (außer den hier erwähnten ist da noch Fournier) ist der Italiener Marinetti, der seinen Landsleuten die Spaghetti madig machen wollte, wozu mehr Mut gehört, als ein Pferd zu küssen, und was ihm natürlich nicht gelang. Darüber hinaus hatte er eine Einstellung zum Essen, die mir gefällt: er nahm es nicht so ernst.

Michel Onfray möglicherweise auch nicht. Den Genuß liebt er, das wird in seinem kurzweiligen Büchlein klar. Und wie ich von einem Dessert den kunstvoll gesponnenen Zucker zurücklasse und mich dem eigentlichen Pudding zuwende, so habe ich auch sein Buch, abzüglich einiger preziöser Spinnereien, mit Genuß gelesen.

Michel Onfray: »Der Bauch der Philosophen«.

Orangenmarmelade

Ich finde Frauen toll. Ich weiß, das besagt wenig. Heinrich VIII. fand sie auch toll. Napoleon, Hugh Hefner und Goebbels fanden Frauen toll. Sogar Cocteau konnte nett zu ihnen sein, ohne daß er ein Ekzem bekam.

In meinen Augen sind Frauen nicht deshalb so wunderbar, weil sie Frauen, sondern weil sie in meiner Nähe sind. Frauen, die in der Nähe anderer Leute sind und nicht in meiner, finde ich genauso blöd wie Männer. Aber wenn ich morgens aufwache und, mit geschlossenen Augen, den Arm ausstrecke, dann berührt meine Hand eine Frau. Damit ist der Tag gerettet! Würde ich ein Känguruh berühren, es wäre nicht zum Aushalten.

Auch später, wenn ich die Augen geöffnet habe und es fertigbringe, sie vom Tageshoroskop loszureißen, fällt mein Blick auf eine Frau, welche ihrerseits Mühe hat, die Lektüre des Börsenteils zu unterbrechen. Doch es gelingt. Wie jeden Morgen treffen sich unsere Blicke über der Teekanne, und das finde ich nun wieder ganz toll.

Als ich zum letzten Mal mit einem Mann gefrühstückt habe - es ist jetzt neunundvierzig Jahre her, und es waren sogar mehrere Männer –, gab es Kunsthonig, Kommißbrot und Margarine. Muß ich mehr sagen?

Ich finde Frauen toll, weil sie immer alles wiederfinden, was ich verkramt habe. Thurber hat sie deswegen gehaßt. Aber das war damals, als es gefahrlos war, Frauen zu hassen. Da konnten Wissenschaftler in aller Ruhe ausrechnen, daß eine Frau, die sagt, sie käme jetzt, noch siebenundzwanzig Minuten braucht, bis sie wirklich kommt. Heute sind wir froh, wenn sie überhaupt erscheint. Und wenn eine Frau sagt, sie ginge zum Friseur, und sie kehrt wieder zurück, kann ich mein Glück nicht fassen.

Ich finde Frauen toll, weil man mit ihnen jederzeit wesentliche Dinge besprechen kann. Zum Beispiel – der Tag ist lang, wir sind immer noch beim Frühstück – die Frage, ob die Orangenmarmelade durch Ingwerzusatz nicht einen raffinierteren Geschmack bekäme. Ich kenne keinen Mann, mit dem ich darüber reden könnte. Von einem Känguruh ganz zu schweigen. Aber sie sagt, SIE, wohlgemerkt, sagt also: »Wenn dir meine Marmelade nicht schmeckt wie sie ist, dann mach sie dir doch selber!« Und am nächsten Morgen: »Fängst du schon wieder mit der Marmelade an? Warum ißt du nicht Quark?«

So kommt der Mann zum Frischkäse und bleibt gesund. Das verdankt er IHR.

Frauen finde ich toll, weil sie die Fähigkeit besitzen, komplizierte Zusammenhänge einfach auszudrücken. Wer hat hundert Jahre psychopathologische Forschung in einem einzigen Satz zusammengefaßt? Eine Frau, wer sonst. Von Petula Clark, dieser niedlichen, blonden Sängerin, stammt die Erkenntnis: »Innerlich bin ich keineswegs blond und niedlich, sondern groß, dunkel und geheimnisvoll.«

Nie würde ein Mann sagen: »Innerlich trage ich keinen Bart, sondern bin blond und niedlich.« Männer interessieren sich für ihr Inneres nur, wenn ihnen der Bart zum Hals herauswächst. Männer sind blöd.

Ich finde Frauen bewundernswert, weil sie viele Dinge können, zu denen kein Mann im Stande ist. Sie können Dallas von Denver unterscheiden und Knöpfe annähen. Sie können beim Anblick eines mutterlosen Äffchens in Tränen ausbrechen und reagieren auf die Anwesenheit einer Mücke im Schlafzimmer mit Gleichmut. Wo der Mann bemüht ist, Würde zu zeigen, zeigen sie Bein.

Ich finde Frauen toll, weil ich ohne ihre Wachsamkeit längst ein Opfer von Schmutz und Seuchen geworden wäre. Kürzlich hat ein Typ versucht, ihr die doppelte Menge eines beliebigen Waschmittels für ihr Dash anzudrehen. Gott, der Trottel tut mir noch heute leid.

Sie beschützt mich auf Schritt und Tritt. Wenn ich in ein Pelz-, Schmuck- oder Parfümgeschäft gehe, ist sie dabei und paßt auf, daß mir nichts passiert. Und wenn ich schließlich – auch der längste Tag hat einmal ein Ende – mein Bett nicht mehr finde, weil das Känguruh es an eine andere Stelle geschoben hat, weiß sie, wo es ist, und bewacht meinen Schlaf. Wenn ich am nächsten Morgen wach werde und noch mit geschlossenen Augen den Arm ausstrecke, berührt meine Hand eine Frau. Welches Glück! Welche Seligkeit!

Vorsichtig, um sie nicht zu wecken, erhebe ich mich, schleiche in die Küche und mache Frühstück. Heinrich VIII. hätte das nie getan. Napoleon, Hugh Hefner und Goebbels wahrscheinlich auch nicht. Was die Orangenmarmelade angeht, so müßte man den Ingwer ganz kurz mitkochen, aber nur ganz kurz...

Überall Dosenfutter und Bratenreste

Wenn wir wissen wollen, wo es lang geht, blättern wir in Heften. In Hochglanzmagazinen, wie sie genannt werden, wo uns auf jeder Seite in Wort und Bildern gesagt wird, welche Vorhangstoffe in den Salon gehören, damit sich seine Lordschaft wohlfühlt. Auf Seite 2 verrät uns eine anmutig frisierte Chefredakteurin, daß provençalische Korbstühle in diesem Sommer *de rigueur* sind; mit farbigen Fotos wird uns vor Augen geführt, wie der New Yorker Designer Julius Gottfried seinen Loft eingerichtet hat, und daß wir zur Lagerung von Batisttaschentüchern unbesorgt Zedernholzkästchen verwenden dürfen, vorausgesetzt, sie sind himmelblau gestrichen.

»Der Trend«, lese ich in diesen Heften, »geht wieder zur großen Küche, wo die Familie im Mittelpunkt des kulinarischen und gastlichen Geschehens steht.« Abgesehen davon, daß ich in der Küche lieber sitze als stehe, ist nichts dagegen einzuwenden.

Nun ist der Mittelpunkt einer durchschnittlich großen Küche jedoch kaum mehr als sechzig Zentimeter von der Spüle und vierzig Zentimeter vom Herd entfernt. Wie da die Familie sitzen (oder stehen) soll, kann ich mir schlecht vorstellen. In den letzten Jahrzehnten haben die Architekten sich Telefonzellen als Vorbild für unsere Küchen genommen, und das gastliche Geschehen in einer Telefonzelle macht nicht viel her, wie jeder weiß, der jemals ein Buffet-Dinner für seine engsten Freunde in einer Telefonzelle angerichtet hat.

Doch das war gestern. Heute also sind die Küchen groß und beliebter Mittelpunkt. Nicht nur groß. Sie gleichen auch (das wird auf vielen Farbseiten demonstriert) den Bauernküchen von vorgestern. Romantisch! Nostalgisch!

Und weil das so ist, gehört in eine große, alte Bauernküche auch ein großer, alter Bauerntisch. Und an die Wände, auf die Regale und in die Schränke hängen, stellen und legen wir dickes, altes Bauerngeschirr. Schön bunt muß es sein, weil die Bauern zu allen Zeiten eine Schwäche fürs Bunte hatten. Daß das auf ihre Kohl- und Brotsuppen nicht zutraf, spielt keine Rolle. Wir kochen dafür einen Auberginen-Tomaten-Gratin (blau-rot-grün), servieren dazu ein getrüffeltes Rührei (gelb-schwarz) und stellen vorsichtshalber auch das Dessert schon auf den alten Bauerntisch: Schokoladenmus mit crème fraîche (weiß-braun). Es versteht sich, daß Wein und die Weingläser ebenfalls alt sind in der endlich wieder großen Großmutterküche, wo die Familie im Mittelpunkt steht bzw. sitzt.

Worauf aber hat sie zu sitzen, wenn sie sich nicht

vorkommen will wie eine Horde Halbaffen? natürlich auf englischen *kitchen chairs* aus dem Holz der Ulme und dem 19. Jahrhundert. Dann bedarf es nur noch der beiden von der Decke hängenden schmiedeeisernen Kerzenleuchter des bekannten Antiquitäten-Designers aus Avignon, und das kulinarische Geschehen kann beginnen.

Doch, ja, das ist sehr eindrucksvoll. Vor allem, wenn ich daran denke, daß ich in den gleichen Heften vor Jahresfrist begeisterte Schilderungen der verchromten High-Tech-Küche gelesen habe. Wie da alles glänzte und blitzte! Das Porzellan blendend weiß und nicht dick; die Töpfe nicht Steingut sondern Starck und Alessi; und sitzen sollte und konnte man nicht im Mittelpunkt des Cockpits, dafür war das Eßzimmer da. Auch dort nichts Bäuerliches, sondern Halogen und schwarze Platzteller auf dem Marmortisch, davor dünne Ledersessel.

Wir wechseln unsere Küchen, wie die Magazine ihre Chefredakteurinnen.

Ja, es sind fast ausschließlich Damen, denen wir die Neuigkeiten aus der Welt der Küche verdanken. Logisch; denn Frauen kennen sich besser aus im Mittelpunkt des kulinarischen und gastlichen Geschehens. Während er die Küche nur betritt, wenn er im Kühlschrank Bier vermutet, hält sie Ausschau nach den neuesten Bauerntellern und weiß, wo es die unhandliche aber aufregend aktuelle Zitronenpresse von Philippe Starck gibt. Er könnte das auch wissen, aber dieser Ignorant liest von den Hochglanzmagazinen nur solche, aus denen er alles über die neueste Kawasaki erfährt.

Worauf will ich eigentlich hinaus? Auf das peinliche Bekenntnis, daß meine Küche weder dem bäuerlichen

Trend dieser Saison entspricht, noch die geringste Ähnlichkeit mit dem High-Tech-Design von gestern hat. Starck und Alessi kenne ich nur aus den Magazinen, und im Mittelpunkt meiner Küche sitzt unsere Katze.

Sie ist ein schönes Exemplar ihrer Gattung, gepflegt und klug. Sie hat das Zeug zur Chefredakteurin, wenn man von ihrem Schnurrbart einmal absieht. Ich habe ihr die Küchen in den Magazinen gezeigt und sie nach ihrer Meinung gefragt.

Sie hat sich zuerst am linken Ohr gekratzt, dann am rechten. Dann hat sie mich direkt angesehen und gesagt:

»Wie ich euch kenne, gibt es in all diesen Küchen nichts andres zu fressen als in Deiner, nämlich Fischköpfe, Dosenfutter und Bratenreste, nicht wahr? Warum sehen die dann alle so verschieden aus?«

Gute Frage. Vielleicht kann eine der anmutig frisierten Damen sie beantworten?